GUIDE DES DRAPEAUX DU MONDE

MAURO TALOCCI

GUIDE DES DRAPEAUX DU MONDE

SOLAR

Titre original de cet ouvrage
BANDIERE DI TUTTO IL MONDO

Traduction-adaptation
Daniel Alibert-Kouraguine

Dessins : Nicola Arolse, Guido Canestrari, Marco Giardina, Carlo Giordana,
Paolo Riccioni, Roberto Ricciotti
Illustrations des pages 14 à 16 : Novostitalia s.r.l.

ISBN : 2-263-02045-4
N° d'éditeur : 2126
Dépôt légal : mai 1993

Photocomposition : Touraine Compo, Tours
Imprimé en Italie

SOMMAIRE

Note

Certains pays n'ont qu'un seul modèle de drapeau national. Mais d'autres en ont deux, trois ou davantage, qui correspondent chacun à des emplois spécifiques, tout en ayant la même valeur d'emblème national. Les vexillologues (les spécialistes des drapeaux) distinguent notamment :

Drapeau national	usage civil à terre.
Drapeau de l'État	hissé sur les édifices publics à terre.
Drapeau de guerre	usage militaire à terre.
Pavillon de la marine marchande	usage maritime sur tous navires de plaisance, de commerce, de pêche.
Pavillon naval de l'État	usage maritime sur tous navires non armés relevant de l'autorité d'une administration officielle, par exemple les bâtiments postaux.
Pavillon de la marine de guerre	usage strictement réservé aux bâtiments de la flotte militaire.

Par souci de clarté et de meilleure compréhension du texte, nous n'avons pas observé ici la stricte règle appliquée en héraldique. Ainsi le mot aigle a-t-il été utilisé au masculin.

Des drapeaux, on en voit partout, tant leur usage est universel. Pourtant, bien peu de personnes sont capables d'en identifier plus d'une douzaine, et encore moins d'en expliquer les origines et la signification.
Notre monde actuel est divisé en territoires indépendants qui se sont institués en États. Dans leur majorité, ceux-ci sont en outre des nations, c'est-à-dire des communautés humaines soudées par une même culture, avec tout ce que recouvre ce terme (langue, religion, traditions, etc.). Et chacun de ces États-nations est représenté par au moins un drapeau, dont le choix spécifique est en quelque sorte sa signature et l'image emblématique qu'il veut donner de lui-même.
Dès lors qu'il représente un État, le drapeau apparaît en des occasions et dans des endroits très divers : ambassades, postes frontière, cérémonies officielles, etc. Et il n'est pas surprenant que pratiquement tous les pays ayant acquis récemment leur indépendance se soient empressés d'adopter un drapeau qui leur soit propre. La présence de cet emblème devant le siège des Nations unies, à New York, équivaut à la reconnaissance officielle de leur souveraineté en tant qu'État.
Évidemment, les drapeaux ne sont pas les seuls emblèmes qu'utilisent les États. Il y a en particulier les armes, qui figurent, par exemple, sur les documents diplomatiques, les actes officiels, les pièces de monnaie. Par les nombreux détails symboliques dont elles sont chargées, les armes fournissent des informations plus précises sur un pays que son drapeau. Mais elles nous sont moins familières, car leur usage est plus restreint.
Le drapeau a une double origine, religieuse et militaire. Ses premiers ancêtres ont été les emblèmes totémiques arborés au bout d'une pique par les chefs dans les combats, pour rallier leurs troupes et se mettre sous la protection des divinités. En Europe, c'est au cours de l'Antiquité romaine que ces emblèmes primitifs furent peu à peu remplacés par des étoffes de couleur *(vexillum)* : les premiers drapeaux. Par la suite, on en diversifia la forme (bannière, oriflamme, gonfanon, etc.), de même qu'on en étendit l'usage à toutes sortes d'activités telles que la navigation et le commerce. Toutefois, l'utilisation du drapeau comme emblème national est plus récente.
La guerre de l'Indépendance américaine (1775-1783) et la Révolution française sont en grande partie à l'origine de la conception actuelle de l'État en tant qu'émanation du peuple. Dès lors, le drapeau cessa d'être l'exclusivité de la classe dirigeante, pour devenir représentatif de l'ensemble des citoyens. Et, d'une certaine manière, il en va de même des armes, qui ne sont plus l'apanage d'une minorité, comme c'était le cas autrefois.
L'univers des drapeaux se renouvelle constamment, dans la mesure où il est le reflet de l'évolution historique et politique. L'effondrement du communisme en Europe, l'éclatement de la Yougoslavie, la réunification des deux Yémen, la transformation de la Haute-Volta en Burkina Faso, pour ne citer que ces exemples, sont autant d'événements qui se traduisirent par l'apparition de nouveaux drapeaux et/ou de nouvelles armes.
Reste que de tels changements ne se font pas du jour au lendemain, car ils impliquent des choix et une réflexion quant au contenu symbolique de ces emblèmes. C'est ainsi, par exemple, que la Bulgarie et la Roumanie n'ont actuellement pas d'armes d'État, faute d'avoir réussi à déterminer par quoi remplacer celles de l'ancien régime. De même, les cinq Länder allemands de l'ex-RDA n'ont pas encore choisi de nouveaux emblèmes et sont provisoirement représentés par ceux de l'État réunifié.
Si l'on sait les interpréter, drapeaux et armes fournissent toutes sortes de renseignements révélateurs sur les pays dont ils sont l'émanation. L'objet du présent ouvrage est précisément d'offrir un panorama systématique, clair et aussi complet que possible, de ces symboles et de leur signification.

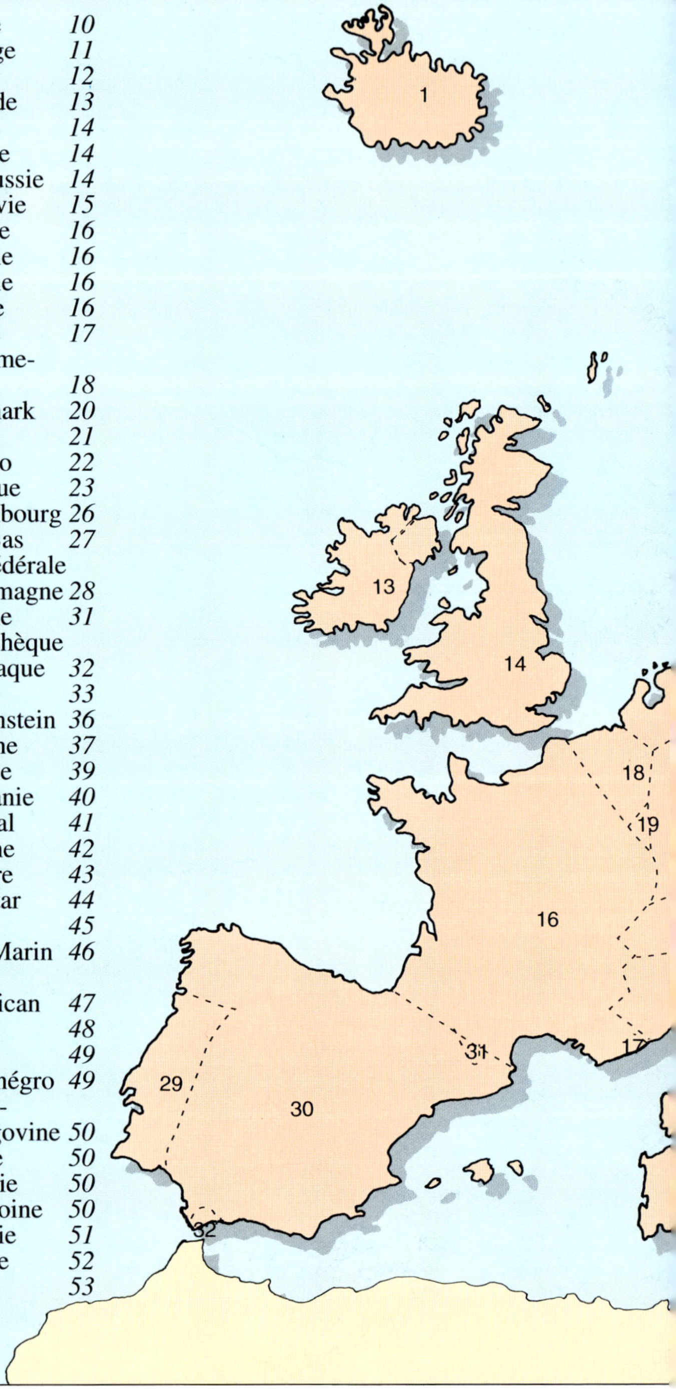

1
13
14
18
19
16
29
30
31
17
32

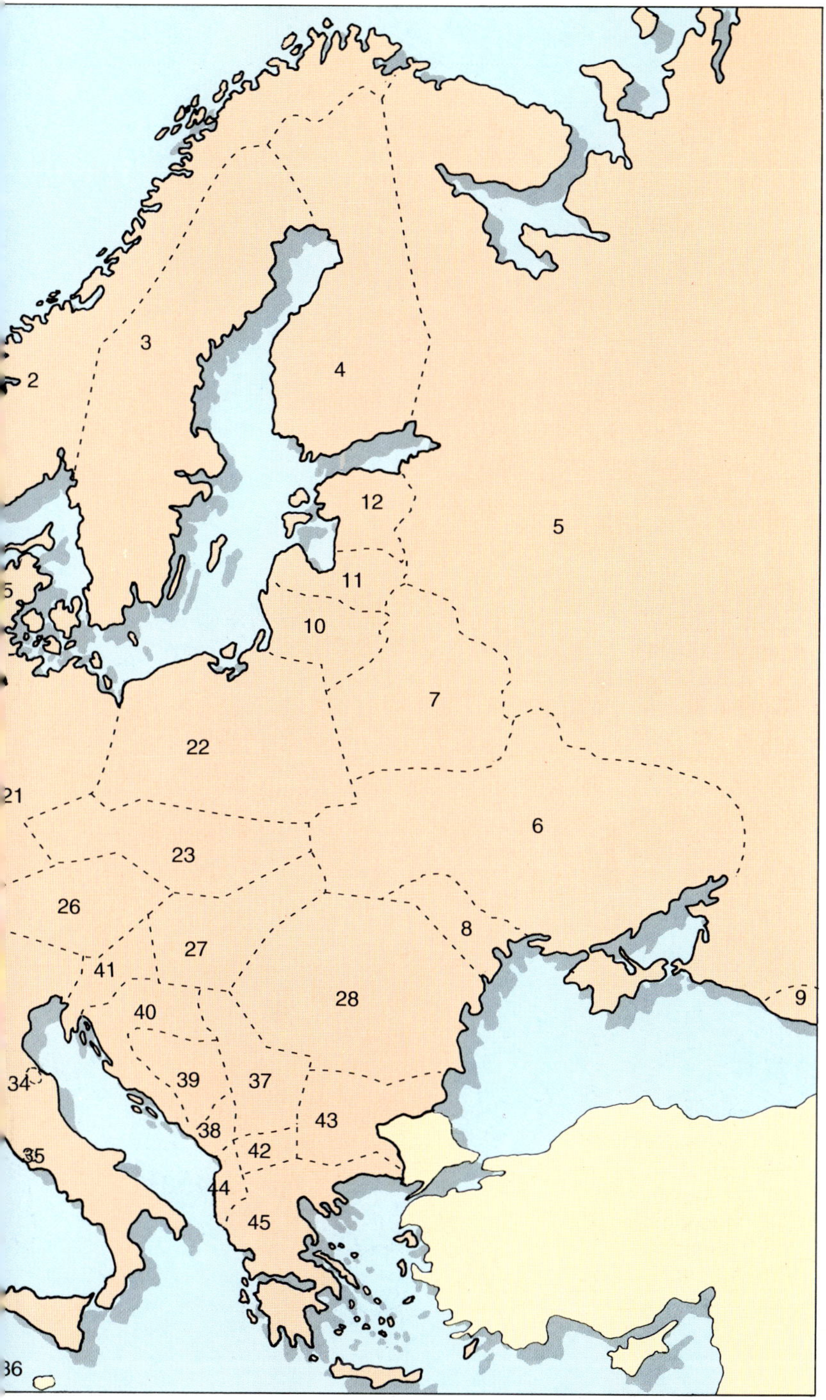
2
3
4
5
5
12
11
10
7
22
21
6
23
26
8
27
41
9
28
40
34
39
37
43
38
42
35
44
45
36

ISLANDE

Après avoir été un territoire autonome associé à la Couronne danoise, l'Islande devint une république indépendante en 1944.
Le bleu et le blanc, couleurs traditionnelles islandaises, sont déjà présents sur le drapeau national adopté en 1915. La croix marque l'appartenance à la sphère culturelle scandinave. Le drapeau de l'État, également adopté par la marine de guerre, a la découpe caractéristique en queue d'aronde que l'on retrouve dans tous les pays nordiques.
Les armoiries de l'État reposent sur un soutien qui représente la forme de l'île. Elles sont entourées par un taureau, un aigle, un dragon et un géant, protecteurs mythiques de l'Islande, selon les anciennes sagas telles que la célèbre *Heimskringla*.

Armes de l'État

Étendard du président

Drapeau de l'État, de guerre et de la marine de guerre

L'aspect du drapeau norvégien a évolué en fonction des grands événements historiques du pays. La longue inféodation au Danemark (1397-1805) fut symbolisée par le « Dannebrog ». Puis, avec la réunion à la Couronne suédoise, il y eut d'abord l'apparition provisoire du lion de Norvège au canton du drapeau, lequel prit finalement son aspect actuel en 1821, quand on inclut une croix bleue dans la croix blanche du « Dannebrog ».

Le lion d'or, qui est entouré du grand cordon de l'ordre de Saint-Olav sur les armes royales, porte une hache et une couronne, attributs traditionnels du saint depuis le début du XIIIe siècle.

Certains organismes gouvernementaux, tels que la poste et la douane, peuvent ajouter leur emblème distinctif sur le drapeau national, lequel se termine en queue d'aronde à deux ou à trois pointes, selon l'usage nordique.

Armes royales

Étendard royal

Armes de l'État

Drapeau de l'État, de guerre et de la marine de guerre

SUÈDE

Sous sa forme actuelle, le drapeau suédois a été adopté en 1906, un an après la séparation du pays d'avec la Norvège, mais il avait déjà été utilisé au XVIe siècle, sous le règne de Gustave Ier, parallèlement à l'emblème des Folkung. Quant aux couleurs nationales, on en fait généralement remonter l'origine aux trois couronnes d'or sur champ d'azur qui constituent les armes de la Suède depuis le XIVe siècle.
La croix jaune fut instituée en 1569 par Jean III. La découpe en queue d'aronde de l'étendard royal et du pavillon de la marine de guerre, elle, rappelle les liens qui unissent la Suède aux autres nations scandinaves et baltes.

Grandes armes de l'État

Petites armes de l'État

Étendard royal

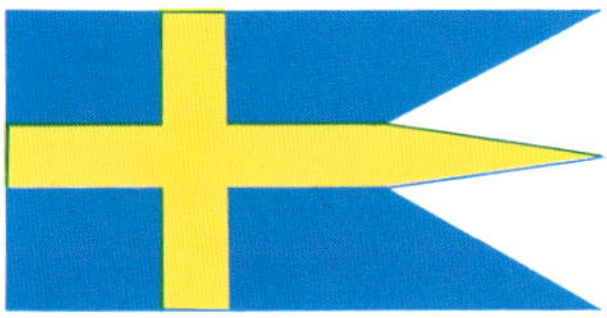

Drapeau de guerre et de la marine de guerre

Assujettie à la Suède jusqu'en 1808, puis à la Russie, la Finlande n'acquit son indépendance qu'en 1917. Les couleurs de son drapeau, adopté en 1918, symbolisent le blanc de la neige et le bleu du ciel. Quant au blason national, il remonte au XVIe siècle, quand la Finlande fut élevée par le roi de Suède au rang de grand-duché. Il était initialement surmonté d'une couronne ducale, qui fut supprimée après la proclamation de la république. Les îles Ahvenanmaa (ou Åland), qui bénéficient d'un statut d'autonomie, ont leur propre drapeau, qui peut s'interpréter comme une évocation du Soleil et de la Terre sur fond de ciel.

Armes de l'État

Étendard du président

Drapeau de guerre
et de la marine de guerre

Drapeau de l'État
et de la marine marchande

Iles Ahvenanmaa

COMMUNAUTÉ DES ÉTATS INDÉPENDANTS

La fin du régime communiste amena la constitution, le 28 décembre 1991, de la Communauté des États indépendants, qui réunit 11 des 15 républiques de l'ex-Union soviétique : la Russie, l'Ukraine, la Biélorussie, la Moldavie, l'Arménie, l'Azerbaïdjan, le Kazakhstan, l'Ouzbékistan, le Kirghizistan, le Tadjikistan et le Turkménistan. N'ont pas adhéré à la CEI la Géorgie et les trois États baltes : Lettonie, Estonie et Lituanie. Ce bouleversement politique s'accompagna d'une modification des drapeaux nationaux et des armes des États. On supprima le drapeau rouge frappé d'une faucille et d'un marteau surmontés d'une étoile à cinq branches, emblème institué en 1923. La Russie restaura son ancien drapeau tricolore à bandes horizontales blanc-bleu-rouge qui avait été aboli par Lénine en 1923. L'Arménie, la Biélorussie et l'Ukraine reprirent également leurs anciens drapeaux. Le drapeau ukrainien n'a que deux bandes horizontales, bleue et jaune. Le drapeau de la Moldavie est tricolore à bandes verticales bleu-jaune-rouge, frappé en son centre des armes de l'État. Le drapeau du Turkménistan est vert ; cinq motifs des tapis nationaux sont reproduits sur la bande rouge. Ces mêmes motifs sont repris dans le second cercle des armes de l'État ; dans le cercle central est représenté un Akhal-Téké, cheval des steppes. Le Kirghizistan a adopté un drapeau rouge comportant un soleil au centre. Un soleil figure également sur le drapeau bleu du Kazakhstan, avec un aigle prenant son envol. Le drapeau du Tadjikistan symbolise la souveraineté nationale.

RUSSIE

BIÉLORUSSIE

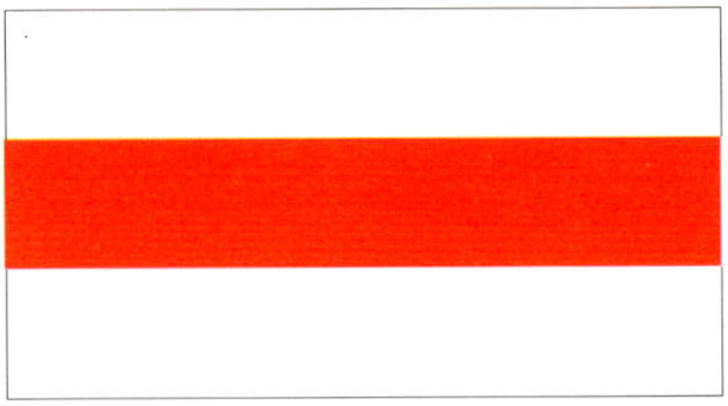

UKRAINE

MOLDAVIE

TURKMÉNISTAN

KIRGHIZISTAN

AZERBAÏDJAN

KAZAKHSTAN

ARMÉNIE

OUZBÉKISTAN

TADJIKISTAN

GÉORGIE ET RÉPUBLIQUES BALTES

La Géorgie et les républiques baltes (Lettonie, Estonie et Lituanie) refusèrent d'adhérer à la Communauté des États indépendants. La Géorgie proclama son indépendance le 9 avril 1991 et adopta un nouveau drapeau, rouge au canton noir et blanc, sans doute inspiré par celui de l'ancienne monarchie nationale. Les trois républiques baltes reprirent les anciens drapeaux qui avaient été en usage avant leur annexion par l'Union soviétique, en 1940. Celui de la Lituanie (qui acquit son indépendance le 11 mars 1990) est à trois bandes horizontales jaune-vert-rouge. Celui de la Lettonie (indépendante depuis le 21 août 1991) est rouge-blanc-rouge. Et celui de l'Estonie (indépendante depuis le 20 août 1991) est bleu-noir-blanc.

Géorgie

Armes de la Géorgie

Lettonie

Armes de la Lettonie

Estonie

Armes de l'Estonie

Lituanie

Des années de lutte aboutirent à l'avènement, en 1921, de l'État libre d'Irlande, mais c'est seulement en 1937 que ce pays acquit véritablement son indépendance au sein du Commonwealth, avant de devenir une république, en 1949.

Le choix d'un drapeau tricolore, attesté dès 1830, fut en grande partie inspiré par la Révolution française. La disposition des couleurs (vert, blanc et orange) a été plusieurs fois modifiée et ne fut définitivement fixée que dans les années 20, avant d'être adoptée officiellement en 1937.

Le vert était la couleur emblématique du mouvement catholique de libération nationale. Le blanc est symbole de paix. Et l'orange – couleur de la maison d'Orange – commémore, pour les protestants, la victoire décisive que les troupes de Guillaume III d'Orange remportèrent en 1690 à Drogheda sur les partisans catholiques de Jacques II Stuart.

La harpe du blason irlandais a des origines obscures, qui semblent remonter au XVe siècle. On peut y voir une référence aux traditions musicales celtiques.

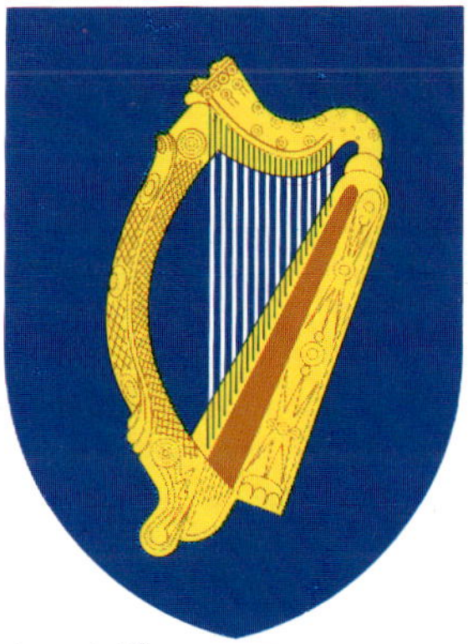

Armes de l'État

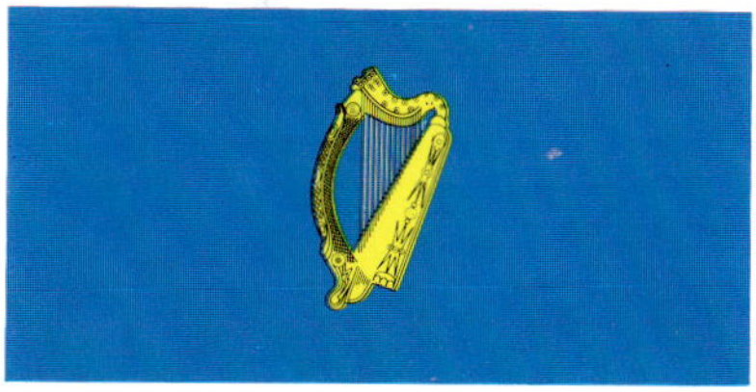

Étendard du président

ROYAUME-UNI DE GRANDE-BRETAGNE ET D'IRLANDE DU NORD

L'actuel drapeau britannique, l'Union Jack (« pavillon de l'Union »), est formé par la réunion des croix de Saint-Georges, de Saint-André et de Saint-Patrick, qui sont respectivement les patrons de l'Angleterre, de l'Écosse et de l'Irlande.
La croix de Saint-Georges, rouge sur fond blanc, fut adoptée par les Anglais au XIIIe siècle, à l'occasion des guerres contre le pays de Galles et pour la septième croisade. Déjà répandue au VIIIe siècle, la croix en X de Saint-André, blanche sur fond bleu, devint l'emblème de l'Écosse vers la fin du XIIIe siècle. L'unification par Jacques Ier des deux royaumes d'Angleterre et d'Écosse détermina, en 1606, la création de la première version de l'Union Jack. La croix de Saint-Patrick, elle aussi en X, mais rouge sur fond blanc, remonte au XVIe siècle et fut initialement l'emblème de la famille Fitzgerald ; elle fut ajoutée à l'Union Jack le 1er janvier 1801, quand l'Irlande fut intégrée au Royaume-Uni.
Sur l'étendard royal – qui reproduit le blason des monarques de Grande-Bretagne – figurent les trois lions passants d'Angleterre (adoptés par Richard Ier à la fin du XIIe siècle), le lion rampant d'Écosse (utilisé au XIIIe siècle sur le sceau d'Alexandre II) et la harpe, emblème de l'Irlande.

Armes royales

Étendard royal

Pavillon naval de l'État

Pavillon de commerce

Pavillon de la marine de guerre

MEMBRES DU ROYAUME-UNI

Ile de Man

Angleterre

Irlande du Nord

Écosse

Jersey

Pays de Galles

Guernesey

DANEMARK

Bien qu'il n'ait été officiellement adopté qu'en 1854, le drapeau danois (le « Dannebrog ») est l'un des plus anciens du monde. Selon la tradition, son origine remonterait à 1219, quand le roi Valdemar II aurait eu la vision d'une croix blanche se découpant sur un ciel de feu, au cours d'une bataille contre les Estoniens.
Le drapeau de l'État, en queue d'aronde, est également celui de l'armée et de la marine de guerre. Les armes de l'État, que l'on retrouve sur deux des quartiers du blason royal, datent du XIIe siècle.

Armes royales

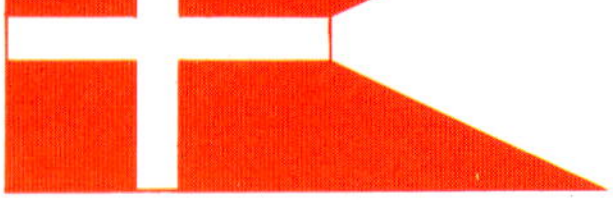

Drapeau de l'État, de guerre et de la marine de guerre

Iles Féroé

Armes de l'État

Symbole de liberté, le drapeau tricolore français a été, à ce titre, une source d'inspiration pour de nombreuses autres nations du monde. Il est né de la Révolution, où il fut choisi par référence à la cocarde qu'arbora la garde nationale en 1789.
Le bleu et le rouge sont les couleurs de la ville de Paris, le blanc celle de la maison royale de France. Telle est du moins la version officielle. Car, en fait, ces trois couleurs ont également eu d'autres valeurs symboliques dans l'histoire de France ; le bleu était la couleur de la cape de saint Martin, le blanc est traditionnellement associé à Jeanne d'Arc, et le rouge fut l'oriflamme de saint Denis et l'étendard impérial de Charlemagne.
Adoptées officiellement en 1794, les trois couleurs ont été présentées sous des formes diverses (en losanges, en quartiers...), avant d'être définitivement fixées en trois bandes verticales par Napoléon Ier, en 1812. Remplacé par le drapeau blanc au moment de la Restauration, de 1816 à 1830, le drapeau bleu, blanc et rouge ne devait plus cesser par la suite d'être l'emblème national de la France, si l'on excepte le bref intermède de la Commune, pendant lequel fut arboré le drapeau rouge.

Drapeau du Premier ministre

Étendard du président

MONACO

Les premiers témoignages sur l'utilisation d'un drapeau blanc et rouge comme emblème distinctif des navires de la principauté de Monaco remontent au XIVe siècle. C'est dire combien ces deux couleurs sont solidement ancrées dans les plus anciennes traditions de ce petit État.

Le blanc et le rouge figurent d'ailleurs, sous forme losangée, dans les armes de Monaco, avec la devise *Deo juvante* (« Avec l'aide de Dieu »). Quant aux deux moines placés en support de l'écu, ils font référence à la ruse qui aurait permis aux Grimaldi (le nom de la famille régnante monégasque) de s'emparer de la citadelle de Monaco à la fin du XIIIe siècle, en y pénétrant déguisés en moines, des armes dissimulées sous leur défroque.

L'étendard personnel du prince Rainier est blanc, avec son monogramme surmonté d'une couronne.

Il est intéressant de noter que le drapeau monégasque est le même, aux proportions près, que celui de l'Indonésie.

Armes du prince

Drapeau de l'État, de guerre et de la marine de guerre

Le drapeau tricolore belge, qui s'inspire de celui de la France, date de 1789 et fut officiellement adopté en 1830, après que la Belgique eut obtenu son indépendance. Les trois couleurs nationales – issues des armes des ducs de Brabant – se retrouvent sur le drapeau de commerce (avec des proportions différentes) et sur celui de la marine de guerre, où elles sont disposées en croix de Saint-André, avec une couronne, deux canons et une ancre. Sur l'étendard royal figurent le lion rampant du blason de la famille régnante et, dans chacun des angles, l'initiale du roi surmontée d'une couronne. La couronne, le lion et la devise : « L'union fait la force » sont les éléments principaux des armes de l'État et de la monarchie. Quant aux drapeaux de la Flandre et de la Wallonie, ils servent respectivement d'emblèmes aux deux groupes linguistiques.

Étendard royal

Armes royales et de l'État

Drapeau national

Drapeau de la marine de guerre

Pavillon naval de l'État

Drapeau de commerce

RÉGIONS DE BELGIQUE

Wallonie

Flandre

PROVINCES BELGES

Flandre-Occidentale

Anvers

Flandre-Orientale

Brabant

Limbourg

Liège

Hainaut

Namur

Luxembourg

LUXEMBOURG

Le drapeau tricolore du Luxembourg se distingue de celui des Pays-Bas par des proportions légèrement différentes et un bleu moins soutenu. Utilisé comme emblème national dès le XIXe siècle (12 juin 1845), il ne fut toutefois officiellement adopté qu'en 1972. Ses trois couleurs tirent leur origine de la bannière utilisée par Henri VI au XIIIe siècle, avec le blason frappé d'un lion rouge sur fond de bandes bleues et blanches, mais leur choix et leur disposition furent surtout déterminés par le souci de rendre hommage à l'idéal de liberté de la Révolution française.

Grandes armes de l'État

Drapeau de commerce

Étendard du grand-duc

Petites armes de l'État

Le soulèvement des provinces protestantes des Pays-Bas contre l'Espagne, et dont Guillaume Ier, prince d'Orange et comte de Nassau, avait pris la tête, aboutit à la proclamation de leur indépendance, en 1579. Elles adoptèrent alors les trois couleurs dynastiques de Guillaume Ier : orange, blanc et bleu.
Le remplacement ultérieur de l'orange par le rouge (confirmé en 1937) fut sans doute décidé par les Hollandais, pour manifester leur rejet du pouvoir autocratique des princes d'Orange. En outre, la couleur orange est peu visible en mer et se décolore rapidement.
Le serment du prince Guillaume (« Je maintiendrai ») figure sous le blason royal, dont le lion rampant armé d'une épée et de flèches est l'emblème séculaire des Pays-Bas et de la dynastie de Nassau.
Créé en 1908, l'étendard royal est frappé d'une croix bleue sur fond orange, les couleurs de la dynastie régnante, avec, dans chaque quartier, le cor des princes d'Orange.

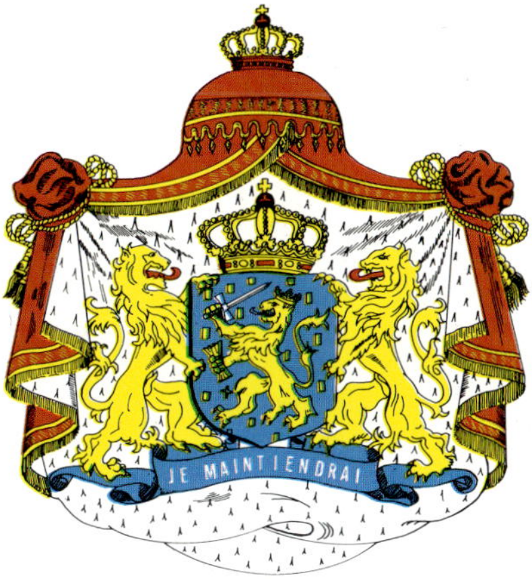

Armes royales de l'État

Étendard royal

RÉPUBLIQUE FÉDÉRALE D'ALLEMAGNE

Adopté officiellement en 1949, le drapeau tricolore allemand se réfère explicitement à celui de la République de Weimar. Le noir, le rouge et l'or, qui ont été longtemps les couleurs emblématiques du pangermanisme allemand, furent utilisées au début du XIXe siècle dans l'uniforme des célèbres « Freikorps » du baron von Lützow. Le rouge est en outre une couleur que l'on retrouvait couramment dans les bannières des villes de la Ligue hanséatique.
L'aigle noir des armes de l'État est un symbole d'autorité dont l'origine remonte aux emblèmes caractéristiques du Saint Empire romain. La réunification historique de 1990 a entraîné la reconstitution des cinq Länder supprimés en 1952 par la République démocratique allemande, et les deux Berlin ont été réunis en un seul Land.

Armes de l'État

Pavillon de la marine de guerre

Drapeau militaire de l'État
et de la marine marchande

Étendard du président

ARMES DES LÄNDER
DE LA RÉPUBLIQUE FÉDÉRALE D'ALLEMAGNE

Schleswig-Holstein

Saxe-Anhalt

Hambourg

Brandebourg

Mecklembourg - Poméranie occidentale

Berlin

Brême

Rhénanie-du-Nord-Westphalie

Basse-Saxe

Hesse

Thuringe

Sarre

Saxe

Bavière

Rhénanie-Palatinat

Bade-Wurtemberg

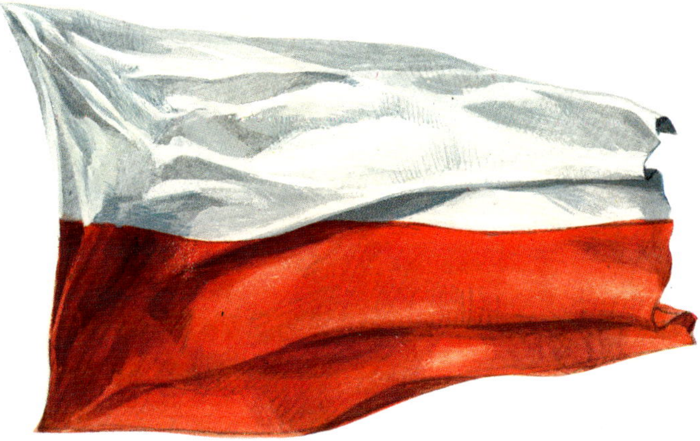

Les couleurs du blason de l'État – le blanc de l'aigle, qui symbolise la Pologne depuis le XIIIe siècle, et le rouge de l'écu – ont constitué à toutes les époques les éléments essentiels du drapeau polonais.
C'est pourquoi le drapeau bicolore blanc et rouge fut officiellement adopté comme emblème national en 1919, un an après la proclamation de l'indépendance.
A la fin de l'année 1989, dans le grand courant de libéralisation des pays de l'Europe de l'Est, le Parlement polonais, après avoir modifié la Constitution, supprima les emblèmes du communisme et rétablit l'usage de l'ancien blason national : l'aigle couronné, symbole de la souveraineté et de l'unité du pays.

Armes de l'État

Étendard du président

Pavillon de la marine de guerre

Pavillon de la marine marchande

RÉPUBLIQUE TCHÈQUE ET SLOVAQUE

Adopté en 1920, ce drapeau se singularise par la disposition de ses couleurs, dont il n'y a pas d'autre exemple en Europe. Le blanc et le rouge avaient été choisis par la Bohême et la Moravie dans le cadre des mouvements révolutionnaires du XIXe siècle. Le bleu fut ajouté pour représenter la Slovaquie quand ce pays fut incorporé au nouvel État, en 1920.
La fin de l'année 1989 fut marquée par la fin du régime communiste, qui était au pouvoir depuis une quarantaine d'années, et, le 20 avril 1990, le Parlement démocratique récemment élu donna une nouvelle appellation officielle au pays, qui devint la République fédérative tchèque et slovaque (Cesckó a Slovenská Federativnj Republika).
Le nouveau drapeau de la République slovaque, arborant les couleurs et les armes spécifiques de cette nation, a été adopté en septembre 1992. Les armes figurent trois montagnes surmontées d'une croix à deux branches. Quant au drapeau de la République tchèque, c'est celui de l'ex-Tchécoslovaquie.

Drapeau slovaque

Drapeau tchèque

La volonté d'unir solidairement toutes les troupes helvétiques sous un seul emblème trouva son aboutissement en 1339, à l'occasion de la bataille de Laupen, pour laquelle, selon une chronique de l'époque, « tous les soldats furent marqués de la sainte Croix, blanche sur fond rouge, car la liberté de la nation était pour eux une cause aussi sacrée que la libération de la Terre sainte ». Il semble donc que le drapeau de la Suisse ait eu pour origine le souci de se rassembler en faisant référence à la Croix, même si le canton de Schwyz avait déjà utilisé une bannière analogue au XIIIe siècle.
Ce drapeau ne cessa, dès lors, de s'imposer comme le symbole de l'unité helvétique, ce qui fut définitivement confirmé en 1848, lorsque fut adoptée la nouvelle Constitution fédérale. Chaque canton n'en continua pas moins d'arborer sa propre bannière traditionnelle.
L'usage du drapeau de la marine marchande est exclusivement réservé à la navigation sur les lacs et les voies fluviales.

Armes de l'État

Drapeau de l'État et de la marine marchande

CANTONS DE LA SUISSE

Jura

Appenzell Rhodes-Intérieures

Zurich

Argovie

Schaffhouse

Zoug

Bâle-Ville

Thurgovie

Glaris

Bâle-Campagne

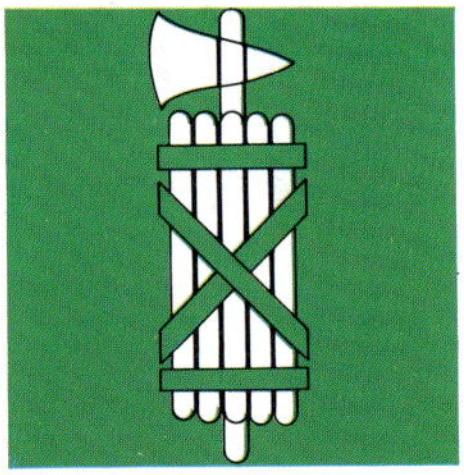
Saint-Gall

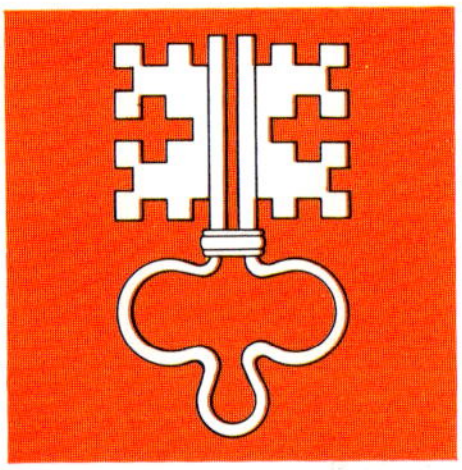
Nidwald

Appenzell Rhodes-Extérieures

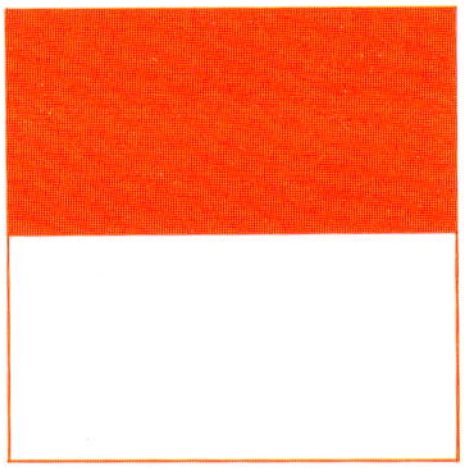
Soleure

Uri

Genève

Grisons

Berne

Lucerne

Valais

Vaud

Obwald

Schwyz

Tessin

Neuchâtel

Fribourg

LIECHTENSTEIN

On ignore tout de l'origine exacte des couleurs de ce drapeau, le bleu et le rouge, sinon que leur utilisation comme emblème national de la principauté remonte au siècle dernier. Quant à la couronne princière, elle ne fut adoptée qu'en 1937.
Le bleu et le rouge symbolisent respectivement le ciel et la chaleur du foyer familial, l'or de la couronne représentant les objectifs communs qui unissent le peuple et son souverain. Les couleurs dynastiques – jaune et rouge – figurent sur l'étendard du prince, au centre des armes de l'État où elles sont entourées par les blasons des grandes lignées ancestrales de la famille régnante (Silésie, Kuenring, Troppau et Rietberg), auxquels est ajoutée la trompe de chasse de la principauté de Jägerndorf.
Lorsque le drapeau se présente verticalement, ce qui est relativement rare, l'axe de la couronne est alors parallèle à la ligne de séparation entre les deux couleurs. Il faut noter que, sans cette couronne, le drapeau du Liechtenstein serait identique à celui de Haïti.

Armes de l'État

Étendard du prince

Selon d'anciennes chroniques, les couleurs du drapeau autrichien tireraient leur origine du blason qu'aurait adopté, en 1191, le duc de Babenberg à l'issue d'une bataille où son justaucorps blanc avait été couvert de sang, à l'exception de la partie centrale, protégée par sa ceinture. Déjà utilisées à la fin du XVIIIe siècle, les trois bandes horizontales rouge-blanc-rouge redevinrent l'emblème national au lendemain de la Première Guerre mondiale, quand l'empire des Habsbourg fit place à une république. Elles furent adoptées le 1er mai 1945, après la période de rattachement à l'Allemagne (1938-1945), au cours de laquelle l'Autriche avait remplacé son drapeau par la croix gammée. Les armes actuelles de l'Autriche ont pour élément principal un aigle noir arborant une couronne murale, une faucille et un marteau, symboles respectifs de la bourgeoisie, des agriculteurs et de la classe ouvrière. La chaîne brisée symbolise la liberté reconquise.

Armes de l'État

Drapeau de l'État et de guerre

BUNDESLÄNDER DE L'AUTRICHE

Les drapeaux des Länder sont tous bicolores, à l'exception de celui de la Carinthie, qui est tricolore.

Salzbourg

Basse-Autriche

Haute-Autriche

Vorarlberg

Vienne

Tyrol

Carinthie

Styrie

Burgenland

C'est, semble-t-il, en 1608 que le rouge, le blanc et le vert furent associés pour la première fois sur une bannière hongroise, à l'occasion du couronnement de Mathias II. La valeur symbolique de chacune de ces couleurs est toutefois beaucoup plus ancienne. Le rouge aurait été la couleur de l'oriflamme du prince Arpád, qui, à la fin du IXe siècle, conquit l'actuel territoire de la Hongrie et fut le fondateur de la première dynastie nationale. Le blanc est associé au roi Étienne Ier le Saint, qui christianisa le pays au XIe siècle : c'était la couleur de la croix que le pape Sylvestre II avait confiée au souverain. Le vert figurait sur l'emblème national utilisé au XVe siècle.
Le drapeau tricolore à trois bandes horizontales, dont le choix fut inspiré par la Révolution française, a été adopté en 1848. Plusieurs fois modifié par la suite, il a été officiellement fixé en 1957.
Le nouveau blason national a été approuvé par le Parlement le 1er mars 1990. C'est un écu divisé verticalement en deux parties et surmonté de la couronne de saint Étienne Le champ rouge à bandes d'argent remonte au XIIIe siècle, où il figurait sur le sceau du roi Emeric, de la dynastie des Arpáds. L'autre élément est une croix d'origine byzantine qui fit partie des armes de la Hongrie pendant trois quarts de millénaire.

Armes de l'État

ROUMANIE

Les bannières historiques des anciennes principautés de Transylvanie, de Moldavie et de Valachie ont manifestement inspiré le choix des couleurs du drapeau roumain, dont la conception a donc des origines héraldiques.
Choisi comme emblème national lors des soulèvements de 1848 contre la domination ottomane, le drapeau tricolore bleu-jaune-rouge fut officiellement adopté en 1859, quand l'union de la Moldavie et de la Valachie marqua la naissance de la Roumanie. En 1989, l'effondrement du régime communiste qui dirigeait le pays depuis une quarantaine d'années amena l'abrogation des armes de l'État, qui étaient en vigueur depuis 1948, et leur suppression sur le drapeau. Une commission parlementaire a été spécialement chargée de la réalisation de nouvelles armes pour l'État roumain.

La déposition du roi Manuel II de Bragance (1910) marqua l'avènement de la république, avec pour conséquence le remplacement, l'année suivante, du drapeau royal blanc et bleu par un autre, dont les couleurs (vert et rouge) sont liées aux événements qui déterminèrent la chute de la monarchie.

Les grandes découvertes géographiques des navigateurs portugais sont représentées par la sphère armillaire, sur laquelle sont apposées les armes de l'État. Les sept châteaux sur fond rouge commémorent l'expansion territoriale du royaume sous le règne d'Alphonse Ier Henriques, au XIIe siècle. La victoire de ce monarque sur cinq princes maures à la bataille d'Ourique est évoquée par les cinq écus d'azur sur fond blanc du blason central. Chacun de ces écus comprend cinq besants, qui symbolisent les plaies du Christ au nom duquel le roi Alphonse Ier triompha de ses ennemis.

Armes de l'État

Drapeau de guerre

Étendard du président

ESPAGNE

Le rouge et l'or, dont l'origine héraldique apparaît à l'évidence dans les armes espagnoles, furent choisis comme emblème national en 1785.
Les armes de l'État comprennent un écu sur lequel figurent les blasons des anciens royaumes de Castille (le château), de León (le lion rampant), d'Aragon (quatre bandes verticales rouges sur fond d'or) et de Navarre (chaîne rouge sur fond d'or), avec, en bas, la grenade emblématique du royaume de Grenade.
Les Colonnes d'Hercule (représentation traditionnelle du détroit de Gibraltar) furent ajoutées par Charles Quint, pour évoquer l'expansion outre-mer de son empire. La colonne qui porte le mot *plus* est surmontée d'une couronne impériale, l'autre colonne d'une couronne royale. Les armes actuelles de l'État sont celles de la monarchie espagnole, que symbolisent les trois lis d'or sur champ d'azur des Bourbons, qui règnent de nouveau depuis 1981.

Armes de l'État

Drapeau de l'État, de guerre et de la marine de guerre

Cette petite république des Pyrénées orientales bénéficie d'un statut juridique tout à fait particulier. Son autonomie – qui remonte à 1278 – est, en effet, garantie par l'autorité conjointe du chef de l'État français et de l'évêque espagnol d'Urgel. Le drapeau tricolore actuel a été adopté dans la seconde moitié du XIXe siècle, en remplacement du précédent, qui était bicolore (rouge et or) ; on en attribue la conception à l'empereur Napoléon III. Quant aux armes de l'État, il en existe deux versions. Dans les quartiers de la version espagnole figurent la mitre de l'évêque d'Urgel (I), le blason du comté de Foix (II), celui de la Catalogne (III) et celui du Béarn (IV), dont les deux vaches sont tournées vers l'extérieur. Dans la version française, l'écu est surmonté d'une couronne d'or, et les vaches du blason béarnais sont tournées vers l'intérieur.

Armes de l'État

Drapeau de l'État

GIBRALTAR

Formant un étroit promontoire à l'extrémité méridionale de la péninsule Ibérique, Gibraltar est l'une des deux « Colonnes d'Hercule » qui marquaient, dans l'Antiquité méditerranéenne, les limites de la navigation et du « monde civilisé ». Possession britannique depuis 1713, Gibraltar est la seule colonie que la Couronne anglaise ait conservée sur le continent européen. Depuis 1969, toutefois, ce territoire jouit d'un statut d'autogestion et d'une importante autonomie interne.

Le drapeau officiel de Gibraltar est l'Union Jack britannique. Depuis 1966 existe en outre un drapeau distinctif blanc et rouge où figurent les armes du territoire.

Le château à trois tours et la clé symbolisent le rôle historique de Gibraltar en tant que place forte et « clé » de la Méditerranée. La devise « Emblème du mont Calpé » rappelle que, dans l'Antiquité, le promontoire s'appelait Calpé. Son nom actuel est une déformation de l'arabe djabal al-Tariq (« montagne de Tariq »), qui lui avait été donné en l'honneur de Tariq ibn Ziyad, l'un des conquérants berbères qui envahirent la Péninsule en 711.

Armes de l'État

Créé à l'inspiration de celui des troupes françaises de la campagne d'Italie (1796), le drapeau tricolore italien fut adopté pour la première fois en 1798 comme emblème de la république Cispadane. Enrichi des armes de la maison de Savoie, il devint, en 1861, le drapeau du royaume d'Italie.

La chute de la monarchie, en 1946, entraîna la suppression des armoiries et le rétablissement de la formule simplifiée initiale, officiellement adoptée le 1er janvier 1948. Chacun des quartiers du blason qui figure sur le drapeau de commerce et sur celui de la marine de guerre évoque l'une des anciennes républiques maritimes italiennes. Venise est représentée par le lion ailé de saint Marc qui tient un livre ouvert, Gênes par la croix rouge de Saint-Georges, Amalfi par la croix de Malte, et Pise par la croix pisane. Sur le pavillon de la marine de guerre, ce blason est surmonté d'une couronne, et le lion de saint Marc brandit une épée.

Sur les armes de l'État figurent l'étoile de la nation italienne et une roue dentée qui symbolise le travail. Elles sont entourées de feuilles d'olivier et de chêne, qui représentent la paix et la force.

Armes de l'État

Pavillon de la marine de guerre

SAINT-MARIN

Enclavé dans le territoire italien, au sud de Rimini, dans les Apennins, Saint-Marin est l'un des plus anciens États d'Europe : il fut érigé en république au XIIIe siècle, et sa Constitution date de 1569.
Le blanc et le bleu de son drapeau, dont l'adoption remonte sans doute au XVIIe siècle, symbolisent respectivement la neige et le ciel.
Les armes de l'État sont entourées de feuilles de chêne et de laurier. Les trois tours sont celles de la citadelle qui se dresse au sommet du mont Titano depuis le XIIIe siècle ; quant aux plumes d'autruche qui les surmontent, elles seraient une allusion aux Apennins : en italien, *penna* signifie « plume ». La couronne est symbole de souveraineté, et la devise « Libertas » évoque les luttes que ce petit État dut soutenir pour conserver son indépendance au cours des nombreuses vicissitudes de l'Histoire.

Armes de l'État

Drapeau de l'État et de guerre

La signature des accords du Latran, en 1929, marqua la fin des hostilités entre l'Italie et le Saint-Siège, et le rétablissement du drapeau bicolore utilisé au siècle précédent, jusqu'en 1870. Le jaune et le blanc de cet emblème avaient été adoptés comme couleurs papales en 1808 par Pie VII.

Le champ rouge des armes de l'État de la cité du Vatican rappelle l'époque où cette couleur fut celle de l'Église. Les clés de saint Pierre et la tiare sont les symboles de l'autorité pontificale. Les deux clés soulignent plus particulièrement le fait que cette autorité entend s'exercer à la fois sur le plan spirituel et sur le plan temporel.

Armes de l'État

Armes pontificales (Jean-Paul II)

MALTE

Envahie au IXe siècle par les Arabes, Malte fut ensuite conquise par les Normands du comte Roger de Sicile en 1090. A partir de cette date, les couleurs du comte de Sicile – blanc et rouge – ont toujours été associées à l'histoire maltaise, et ce sont elles qui furent choisies comme emblème national après la proclamation de l'indépendance, en 1964. La George Cross qui figure au canton du drapeau a été décernée à l'île par la Grande-Bretagne en 1943, en récompense du comportement héroïque de la population pendant la Seconde Guerre mondiale.

La croix blanche à huit pointes (croix de Malte) sur fond rouge – adoptée en 1965 par la marine marchande – rappelle les liens séculaires de Malte avec les chevaliers de Saint-Jean-de-Jérusalem, qui s'établirent dans l'île en 1530, après avoir été chassés de Chypre, puis de Rhodes. L'origine de cet emblème remonte au XIe siècle.

Les armes de l'État représentent une embarcation traditionnelle et des instruments aratoires utilisés par les paysans de l'île.

Armes de l'État

Pavillon de la marine marchande

RÉPUBLIQUES DE L'EX-YOUGOSLAVIE

Les bouleversements politiques dont les pays de l'ex-Union soviétique furent le théâtre et qui amenèrent, en décembre 1991, la fin du régime communiste, se répercutèrent en Yougoslavie.
Après avoir proclamé leur indépendance (entre juin 1991 et avril 1992), les cinq républiques yougoslaves modifièrent leurs drapeaux. Les deux républiques fédérées de Serbie et du Monténégro conservèrent les trois couleurs de l'ancien drapeau yougoslave bleu-blanc-rouge, en supprimant l'étoile rouge. La Slovénie et la Croatie conservèrent les couleurs initiales de leurs drapeaux, en remplaçant l'étoile rouge, respectivement par une représentation du mont Triglav et par un écu à damier blanc et rouge. La Bosnie-Herzégovine (indépendante depuis le 15 octobre 1991) et la Macédoine (qui proclama son indépendance en septembre 1991, mais sans en obtenir la reconnaissance internationale) ont adopté leurs propres drapeaux. Celui de la Bosnie-Herzégovine est blanc, avec un écu central bleu comportant six étoiles et barré d'une ligne oblique blanche. Le drapeau de la Macédoine est rouge, avec un soleil au centre.

Serbie

Monténégro

Slovénie

Armes de la Slovénie

Croatie

Armes de la Croatie

Bosnie-Herzégovine

Macédoine

BULGARIE

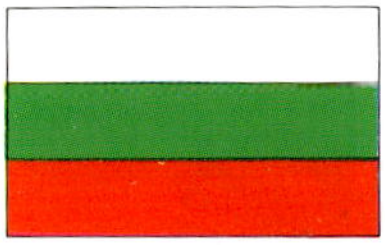

Après avoir été soumise, pendant cinq siècles, à la domination turque, la Bulgarie devint d'abord une principauté autonome en 1878, à l'issue de la guerre russo-turque, avant d'obtenir sa pleine indépendance en 1908.
Après la Seconde Guerre mondiale, la Bulgarie, qui avait combattu aux côtés de l'Allemagne, devint une république à la suite du référendum institutionnel du 8 septembre 1946 et se trouva incluse dans la zone d'influence soviétique, à l'exemple des autres pays balkaniques.
A la fin de 1989, après plus de quarante années de dictature communiste, la Bulgarie s'engagea dans la voie de la démocratisation, et les élections de juin 1990 mirent en place une Assemblée constituante qui supprima l'adjectif « populaire » dans la dénomination officielle de la république.
Adopté en 1878, le drapeau bulgare fut conçu à l'inspiration de celui de l'ancienne Russie (trois bandes horizontales blanc-bleu-rouge), le bleu de la bande centrale étant remplacé par le vert.
Les trois couleurs de ce drapeau symbolisent respectivement la paix, les richesses du sol et le courage du peuple bulgare. En 1990, l'Assemblée constituante abolit les armes de l'État d'inspiration communiste (en vigueur depuis 1971) et les supprima du drapeau. Une commission de spécialistes travaille actuellement à la conception de nouvelles armes.

ALBANIE

Son indépendance retrouvée après des siècles de domination turque, l'Albanie prit, en 1912, pour emblème le drapeau rouge frappé d'un aigle bicéphale qu'avait adopté au XVe siècle le héros national Skanderberg, par référence à une ancienne tradition faisant de l'aigle l'ancêtre mythique du peuple albanais.
Ce drapeau devait subir par la suite quelques modifications déterminées par les fluctuations politiques. En 1946, l'instauration d'une république populaire se traduisit par l'addition d'une étoile à cinq branches au-dessus de l'aigle sur le drapeau et dans les armes de l'État, au bas desquelles figure en outre la date du congrès de libération nationale. Mais après les graves crises des années 1980, l'Albanie supprima l'étoile de son drapeau et de ses armes.

Armes de l'État

Pavillon de la marine de guerre

Drapeau de commerce

Né à la fin du XVIIIe siècle, le mouvement de libération de la Grèce n'obtint satisfaction qu'en 1830, quand l'indépendance de ce pays fut enfin reconnue.
Le blanc et le bleu, qui avaient été choisis pour emblème pendant la guerre d'indépendance, furent officiellement adoptés par Otton de Bavière quand celui-ci monta sur le trône, en 1833. Le nouveau souverain se montra d'autant plus enclin à confirmer le choix de ces couleurs qu'il s'agissait également de celles de sa famille.
Le drapeau actuel, qui fut officiellement rétabli en 1978, est identique à celui du siècle précédent, à quelques variantes près dans ses dimensions et l'intensité de sa couleur bleue. Il a été récemment adopté par la marine de guerre et la marine marchande. La croix du canton est un symbole de foi. Quant aux neuf bandes horizontales, elles seraient un rappel des neuf syllabes de la devise *Eleuthería a thánatos,* « La liberté ou la mort ».

Armes de l'État

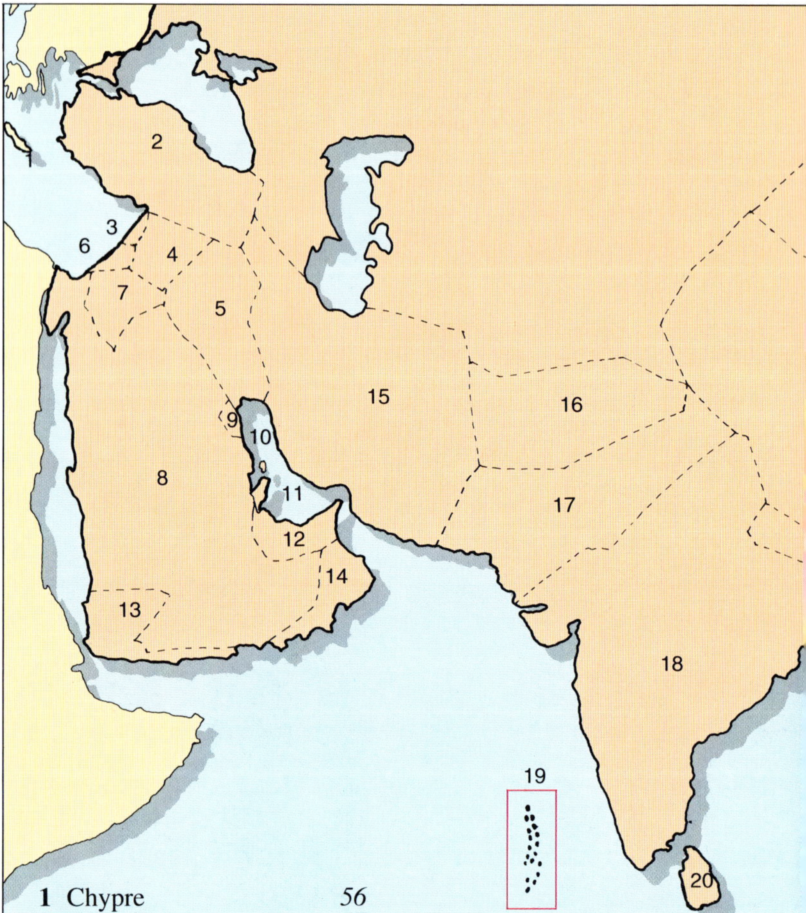
1
2
3
4
5
6
7
8
9
10
11
12
13
14
15
16
17
18
19
20

22
24
25
26
27
23
30
31
32
33
34
35
36
37
38
39
40

CHYPRE

La signature des accords anglo-helléno-turcs de 1959 mit un terme à la souveraineté britannique sur Chypre, qui, dans le passé, fut conquise successivement par les Romains, les Génois, les Vénitiens et les Turcs. Le drapeau actuel a été adopté en 1960. On y voit la silhouette de l'île – dont la couleur jaune est une allusion aux gisements de cuivre que l'on exploite depuis l'Antiquité – et deux rameaux d'olivier, qui symbolisent la cohabitation pacifique des deux communautés grecque et turque. On retrouve ce même message de paix sur les armes de l'État, où figure une colombe porteuse d'un rameau d'olivier. La date est celle de l'indépendance.

Armes de l'État

Les fréquents incidents qui opposaient les deux communautés aboutirent, en 1974, à un coup d'État soutenu par la Grèce, auquel la Turquie répliqua par un débarquement dans le nord de l'île. Depuis lors, le pays est divisé en deux parties, et le drapeau chypriote est généralement remplacé par celui de la Grèce ou celui de la Turquie, sans parler des bases militaires encore contrôlées par la Grande-Bretagne et sur lesquelles flotte l'Union Jack.

Le rouge du drapeau turc est un héritage de la dynastie ottomane, qui régna sur le pays du XIIIe siècle jusqu'au lendemain de la Première Guerre mondiale, en y imposant la religion islamique. Le croissant et l'étoile, qui furent originellement les symboles du culte de Diane et de la Vierge, devinrent ceux de l'islam à partir du XVe siècle.
La Turquie, qui fut la première nation à faire figurer ces emblèmes religieux sur son drapeau, en conserva l'usage au XXe siècle, même après sa transformation en un État républicain laïcisé (1923).
On sait assez peu de chose sur l'adoption de ce drapeau – officiellement confirmée en 1936 –, sinon qu'elle est liée aux traditions légendaires et historiques de l'expansion ottomane.

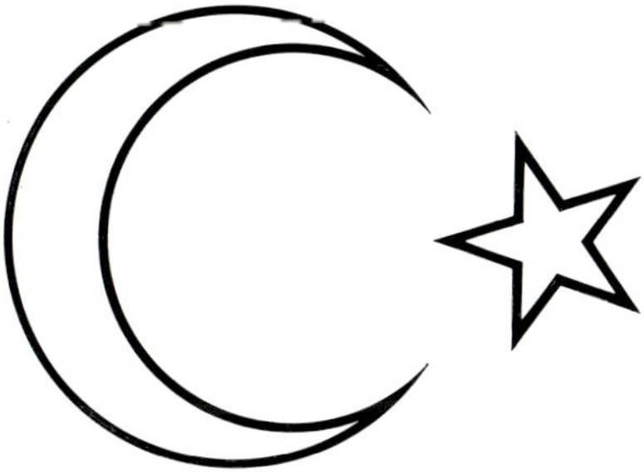

Armes de l'État

Étendard du président

LIBAN

L'arbre qui figure au centre du drapeau libanais est l'un de ces célèbres « cèdres du Liban » dont on trouve maintes références dans la Bible. C'est un symbole de force, de sainteté et d'éternité.
Le rouge représente l'abnégation du peuple, et le blanc la paix, mais ces deux couleurs sont également liées aux Kassites et aux Yéménites, qui se partagèrent le contrôle du pays jusqu'au XVIIIe siècle. Ce drapeau fut officiellement adopté en 1943, au moment de la proclamation d'indépendance. Auparavant, pendant la période où le Liban était administré par la France, il était constitué des trois couleurs françaises, avec un cèdre dans la bande centrale blanche.
Les armes de l'État, où l'on retrouve les éléments du drapeau, ne sont jamais utilisées à titre officiel.

Armes de l'État

SYRIE

En obtenant son indépendance, en 1946, la Syrie adopta le drapeau tricolore vert-blanc-noir qui était déjà utilisé depuis les années 20.
La constitution, avec l'Égypte, de la République arabe unie (RAU), en 1958, détermina l'adoption d'un nouveau drapeau, également tricolore, mais rouge-blanc-noir et marqué de deux étoiles vertes. La fin de la RAU (1961) eut pour conséquence le rétablissement du drapeau précédent. Mais, deux ans plus tard, on en revint à un drapeau qui se distinguait de celui de l'Égypte uniquement par l'addition d'une troisième étoile sur la bande centrale blanche.
En 1971, l'alliance de la Syrie avec l'Égypte et la Libye au sein d'une République arabe unifiée fut symbolisée par l'adoption d'un drapeau tricolore rouge-blanc-noir portant sur sa bande blanche un faucon d'or, emblème de la tribu de Mahomet.
Enfin, depuis 1980, la Syrie a repris le drapeau qui fut celui de la RAU de 1958 à 1961.

Armes de l'État

IRAQ

L'actuel drapeau irakien fut adopté en juillet 1963, après le coup d'État qui renversa le régime du général Kassem, en février de la même année.
Les trois étoiles vertes rappellent la tentative manquée d'unification avec l'Égypte et la Syrie. D'une façon générale, d'ailleurs, les couleurs de ce drapeau sont celles du panarabisme et traduisent les aspiration de l'État irakien à s'unir avec les autres nations arabes. Le rouge symbolise le courage, le blanc la générosité, le noir les conquêtes de l'Islam, le vert étant la couleur traditionnelle de la religion musulmane.
Les armes de l'État sont formées d'un blason aux couleurs nationales, que supporte l'aigle de Saladin. L'inscription en caractères coufiques est l'appellation officielle du pays.

Armes de l'État

Inspiré du *talith,* le châle de prière traditionnel de la religion judaïque, le drapeau israélien fut créé par le mouvement sioniste à la fin du siècle dernier et adopté officiellement à la naissance du nouvel État. Il porte en son centre le bouclier de David, plus couramment appelé « étoile de David ».

Les armes d'Israël représentent le chandelier à sept branches *(menora)* du temple de Jérusalem, entouré d'olivier. L'inscription en hébreu est le nom de l'État d'Israël.

Armes de l'État

Pavillon de la marine de guerre

Pavillon de commerce

JORDANIE

Placé sous mandat britannique dès le lendemain de la Première Guerre mondiale, l'émirat de Transjordanie devint le royaume indépendant de Jordanie en 1946. Une première version du drapeau jordanien fut utilisée en 1917 par Husayn, roi du Hedjaz.
La version actuelle est due au fils d'Husayn, Abdullah, premier roi de Jordanie, qui modifia la disposition des couleurs et ajouta, sur le champ rouge du drapeau, une étoile à sept branches évoquant les sept premiers versets du Coran.
Sur les armoiries royales figure l'aigle de Saladin – emblème très répandu dans le monde arabe – surmontant un globe bleu, image symbolique de la diffusion de la religion et de la culture islamiques dans le monde.
Les épis de blé et la palme de dattier représentent les principaux produits agricoles du pays. Quant à l'inscription de la banderole, elle signifie : « Al-Husayn ibn Talal ibn Abdullah, roi du royaume hachémite de Jordanie, implore le Seigneur de lui accorder bonheur et assistance ».

Armes royales

Étendard royal

La stricte orthodoxie des Wahhabites, qui conquirent le pays au tout début du siècle, sous l'impulsion du prince ibn Saoud, trouve son expression dans le vert du drapeau, couleur traditionnelle de l'islam, et dans l'inscription qui reproduit la célèbre formule : « Allah est le seul dieu et Mahomet est son prophète ». Sur les armes de l'État, les sabres croisés marquent la volonté de défendre la foi coranique à tout prix. Le palmier-dattier est à la fois une évocation de la principale production agricole du pays et le symbole des oasis du désert.

Armes de l'État

Étendard royal

KOWEÏT

Après avoir été un protectorat britannique, le Koweït devint un émirat indépendant en 1961. Il choisit alors un drapeau dont les couleurs rappellent son appartenance au monde arabe.

Le vert représente la terre, le blanc les entreprises de la nation, le rouge le sang versé par les ennemis, et le noir les champs de bataille.

Situé sur le golfe Persique, le Koweït a des armes analogues à celles des Émirats Arabes Unis. On y voit, en effet, un faucon, animal que les bédouins du désert dressent pour la chasse, et un *dhow*, embarcation traditionnelle de cette région du monde. L'inscription reproduit le nom du pays.

Armes de l'État

Drapeau de guerre

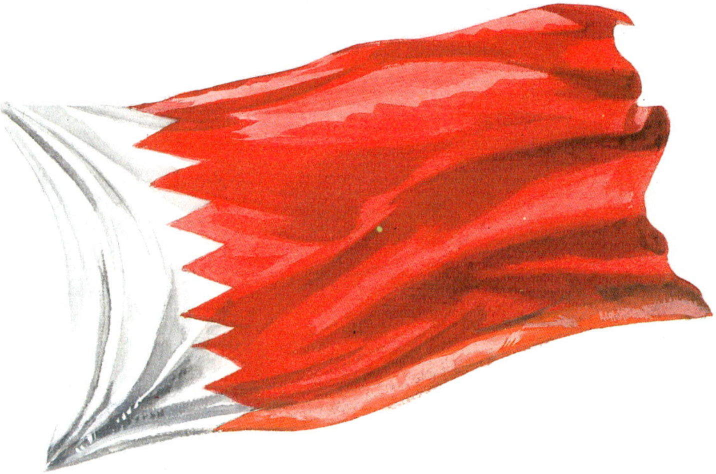

Constitué par une trentaine d'îles du golfe Persique, Bahreïn est un ancien protectorat britannique, qui obtint son indépendance en août 1971 et devint une monarchie héréditaire. Le drapeau actuel, rouge avec une bande blanche en bordure de la hampe, fut officiellement adopté en 1933. La dentelure qui sépare les deux couleurs est toutefois plus récente et remplace la simple ligne droite de la version initiale. Le choix de ces couleurs a pour origine un accord arabo-britannique du XIXe siècle qui autorisait les États du golfe Persique à utiliser un drapeau rouge (couleur des musulmans kharidjites) à bord blanc.
Les armes de l'État, conçues par Sir Charles Belgrave, conseiller politique de l'émir, étaient originellement surmontées d'une couronne – symbole de l'autorité royale –, qui fut supprimée récemment.
Deux bandes blanches se prolongeant jusqu'à l'extrémité du battant différencient l'étendard de l'émir du drapeau national.

Armes de l'État

Étendard royal

QATAR

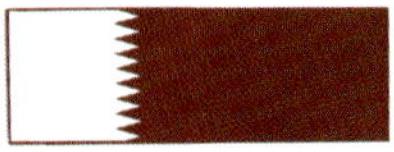

Situé sur une péninsule désertique du golfe Persique, l'émirat de Qatar est un ancien protectorat britannique, qui obtint son indépendance en 1971. Dans le passé, son drapeau était entièrement rouge, comme celui des États voisins, la bande blanche n'ayant été ajoutée qu'au milieu du XIXe siècle. La dentelure qui sépare les deux couleurs n'a pas de signification particulière. Quant à la transformation du rouge en un marron chocolat, officiellement confirmée en 1949, elle est due à l'effet décolorant du rayonnement solaire sur la teinture rouge artisanale utilisée autrefois pour la confection des drapeaux.

Le nom de l'État, deux cimeterres et deux palmiers figurent sur les armes nationales, ainsi qu'un *dhow*, embarcation traditionnelle évoquant l'importance de la pêche dans l'économie du pays.

Armes de l'État

ÉMIRATS ARABES UNIS

Placés sous mandat britannique depuis 1892, les sept émirats – Abū Dhabi, Dubayy, Chārdja, Adjmān, Umm al-Qaywayn, Ra's al-Khayma et Fudjayra – s'associèrent, en 1971, pour former une fédération indépendante. Situé dans le golfe Persique, le long de la côte des Pirates, ce nouvel État tire sa prospérité du pétrole.

Le blanc et le rouge étaient déjà présents autrefois sur le drapeau de chacun de ces émirats, ces couleurs ayant été attribuées par la Grande-Bretagne aux États du golfe Persique au XIXe siècle.

Le drapeau national actuel a été adopté en 1971. Outre le blanc et le rouge, il comporte également le vert et le noir, qui font partie des couleurs emblématiques du panarabisme, mouvement auquel adhéra d'emblée la nouvelle fédération.

Les principaux éléments des armes de l'État sont un faucon, animal de chasse des bédouins, et un *dhow*, embarcation traditionnelle des populations arabes du Golfe. L'inscription précise le nom de l'État.

Armes de l'État

RÉPUBLIQUE DU YÉMEN

Le 22 mai 1990, la République arabe du Yémen et la République démocratique et populaire du Yémen fusionnèrent pour former un nouvel et unique État : la République du Yémen.

Le nouveau drapeau se compose de trois bandes horizontales aux couleurs du panarabisme : rouge, blanc et noir. Le rouge représente la révolution, le blanc la pureté et la confiance en l'avenir, le noir rappelant le sombre passé du pays à l'époque où il était divisé en deux nations antagonistes.

L'aigle des armes de l'État symbolise la force et la ténacité du peuple yéménite. Il supporte un écu sur lequel figurent un plant de café et l'antique barrage de Marib. L'inscription de la banderole précise le nom de l'État.

Armes de l'État

Les musulmans kharidjites, qui représentent la majorité de la population de ce sultanat, utilisèrent pendant des siècles un drapeau rouge pour sillonner le golfe Persique. Cette couleur traditionnelle est largement représentée sur le drapeau actuel, qui fut adopté en 1970. Celui-ci comporte, en outre, une bande blanche et une bande verte, qui symbolisent respectivement la paix et les richesses de la terre.

Les armes de l'État, qui figurent également sur le drapeau national, sont formées de deux sabres croisés et du poignard traditionnel, le *gambia*.

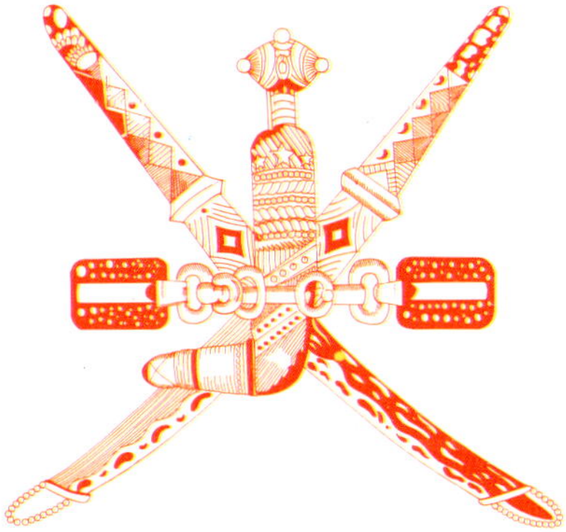

Armes de l'État

Pavillon de la marine de guerre

IRAN

C'est à la suite de la révolution de 1906 que les couleurs traditionnelles de l'Iran, le vert, le blanc et le rouge, furent choisies pour son drapeau, sous forme de trois bandes horizontales. Sur les drapeaux du gouvernement et des forces armées, la bande blanche centrale était en outre marquée de l'emblème national : un soleil levant et un lion tenant une épée.
Après la révolution de 1979, un nouvel emblème national fut apposé au centre du drapeau, en rouge au lieu du vert utilisé pour les armes de l'État. La forme ronde de cet emblème représente la lutte des peuples opprimés du monde entier, les quatre croissants et l'épée symbolisent la foi islamique, le signe qui surmonte l'épée exprimant la fermeté de l'âme. Pris dans leur ensemble, ces cinq éléments sont une invocation calligraphique du nom d'Allah. Leur nombre est une façon de rappeler aux fidèles les cinq obligations fondamentales de la religion musulmane.
Le texte qui borde la partie supérieure de la bande rouge et la partie inférieure de la bande verte du drapeau est formé de l'inscription : « Dieu est grand », répétée vingt-deux fois, en souvenir du vingt-deuxième jour du mois de Bahman (11 février 1979), date du triomphe de la révolution qui amena l'instauration de la République islamique d'Iran. Les trois couleurs du drapeau, le vert, le blanc et le rouge, symbolisent traditionnellement l'islam, la paix et la vaillance.

Armes de l'État

En 1929, après un voyage en Europe, le roi Aman Allah choisit pour son pays un drapeau tricolore à bandes verticales. Le noir représentait le passé, le rouge le sang versé pour l'indépendance, et le vert la foi en l'avenir. Jusqu'en 1992, ces trois couleurs sont demeurées les éléments essentiels du drapeau afghan, mais sous forme de bandes horizontales. Leur signification symbolique a été modifiée en avril 1980, en même temps que la conception des armes de l'État. Le noir rappelait les drapeaux qui avaient été ceux du pays dans le passé, le rouge évoquait le sang des héros et le vert symbolisait tout à la fois l'islam, la prospérité et la victoire sur l'impérialisme.
Sur les armes de l'État, les trois couleurs nationales figuraient sous la forme d'un ruban entourant des épis de blé, qui rappelaient l'importance de l'agriculture dans l'économie du pays. En haut, la roue dentée représentait l'industrialisation. La libération du peuple et l'aube d'une ère nouvelle étaient symbolisées par le soleil levant, le livre ouvert évoquant l'enrichissement culturel et scientifique dont le pays est redevable à la révolution communiste.
Après la chute du régime communiste, en 1992, l'écu d'État et l'étoile rouge furent supprimés. En janvier 1993, l'Afghanistan adoptait un nouveau drapeau à bandes horizontales vert-blanc-noir, comportant une inscription en arabe tirée du Coran et signifiant : « Dieu est grand, Dieu est unique : Mahomet est son prophète ». Désormais, le vert symbolise l'espoir, le noir la douleur du passé, le blanc Mahomet et l'islam.

PAKISTAN

Les symboles islamiques du croissant et de l'étoile sur fond vert, que la communauté musulmane de l'Inde s'était choisis pour emblèmes en 1906, furent adoptés par le Pakistan en 1947, au moment de son indépendance. La bande blanche en bordure de la hampe représente les minorités religieuses du pays. Selon une interprétation plus récente, le blanc symboliserait la paix, et le vert la prospérité. Ce drapeau national est également utilisé par la marine de guerre.

Sur les armes de l'État, les quartiers de l'écu évoquent les principales productions agricoles du pays. L'ensemble est entouré de guirlandes de narcisses, et la devise signifie : « Foi, unité, discipline ».

Armes de l'État

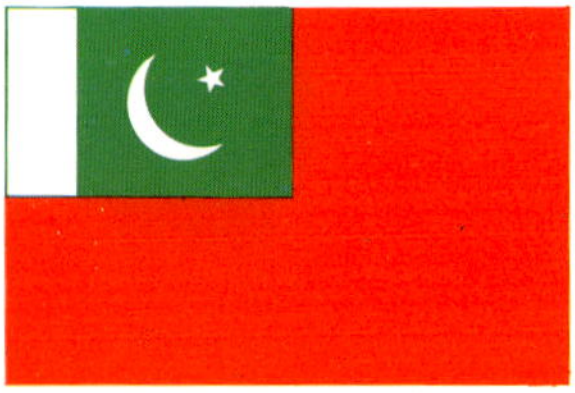

Drapeau de commerce

Étendard du président

Créé au début de ce siècle, au cours des luttes pour l'indépendance, le drapeau indien portait initialement en son centre la représentation d'un dévidoir de tissage artisanal, instrument dont se servait Gandhi pour rappeler au peuple la nécessité d'acquérir son autosuffisance économique. Dans la version actuelle, adoptée officiellement en 1947, cet instrument est remplacé par le *chakra*, un très ancien symbole indien évoquant les vertus morales et les cycles de la nature ; le bleu est la couleur du ciel et de la mer, les vingt-quatre rayons figurant les heures de la journée. L'hindouisme et l'islam sont respectivement représentés par l'orange et le vert. Selon une autre interprétation, l'orange symboliserait le courage, le blanc la paix et la vérité, et le vert la foi. Le *chakra* figure également sur les armes de l'État, qui reproduisent un chapiteau du IIIe siècle av. J.-C., mis au jour sur le site de l'ancienne ville sainte de Sarnath ; elles surmontent une citation des *Upanishad* : « Seule la vertu triomphe ». La croix de Saint-Georges du pavillon de la marine de guerre rappelle les liens qui unissent l'Inde à la Grande-Bretagne et au Commonwealth.

Drapeau de guerre

Pavillon de la marine de guerre

Pavillon naval de l'État

MALDIVES

Adopté en 1965, le drapeau des Maldives fait clairement référence à la foi islamique, avec son croissant blanc sur fond vert. Le rouge de sa bordure rappelle l'ancienne couleur emblématique de la plupart des pays de l'océan Indien. Selon une interprétation plus récente, le rouge et le vert évoqueraient respectivement le sang versé pour la conquête de la liberté et l'espoir de vivre en paix. Les armes de l'État se composent de deux drapeaux encadrant l'étoile et le croissant symboliques de l'islam, et un palmier-dattier. L'inscription du bas précise le nom de l'État.

Armes de l'État

Drapeau du Premier ministre

Drapeau de guerre

SRI LANKA

Le drapeau actuel date de 1978, année où Ceylan devint la République démocratique socialiste du Sri Lanka. Adopté en 1948 (année de l'indépendance), le drapeau national fut modifié en 1951 par l'addition du vert et de l'orange, qui représentent les minorités hindoue et musulmane. Le lion armé d'une épée est un emblème traditionnel dont l'origine remonte au VIe siècle av. J.-C., les quatre feuilles de pipal évoquent Bouddha, comme le lotus et la roue figurant sur les armes de l'État, où l'on voit aussi un vase de riz, qui représente l'abondance, encadré par la Lune et le Soleil, qui expriment l'espérance d'une longue vie pour le pays.

Armes de l'État

Étendard du président

Drapeau de guerre

MONGOLIE

Adopté depuis 1945, mais confirmé en 1949, le drapeau mongol témoignait de l'adhésion du pays au communisme, avec ses deux bandes rouges dont l'une est surmontée d'une étoile à cinq branches. Le bleu, symbole du ciel, est la couleur nationale. Quant au jaune, il évoque la fraternité. Le *soyonbo* – l'idéogramme qui figure au-dessous de l'étoile – est l'un des plus anciens symboles de la spiritualité mongole. Les éléments qui le composent représentent le feu, la terre, l'eau, le Soleil, la Lune et le *yin-yang*, que l'on retrouve également sur le drapeau coréen. Le rapprochement de l'étoile et du soyonbo signifiait la coexistence harmonieuse entre les traditions nationales et l'idéologie internationaliste du régime politique. A la suite de la chute du régime communiste, en 1992, l'étoile placée au-dessus du soyonbo a été supprimée.

La notion de plénitude et de perfection, que la philosophie chinoise associe traditionnellement au chiffre 5, se retrouve dans les cinq étoiles du drapeau de la République populaire de Chine, laquelle leur a évidemment attribué une autre signification, la plus grosse étoile représentant le parti communiste, proposé comme guide aux quatre classes sociales du pays : paysans, ouvriers, employés et capitalistes patriotes. Le rouge lui-même a également une origine traditionnelle, puisqu'il faisait partie des cinq couleurs des anciens drapeaux chinois, les autres étant le bleu, le blanc, le noir et le jaune.

On retrouve les cinq étoiles dans les armes de l'État, qu'entourent des gerbes de riz et de blé. Une roue dentée symbolise les activités industrielles, et la Porte de la Paix céleste, entrée de la Cité interdite de Pékin, évoque le retour du pouvoir dans cette ville.

L'idéogramme qui figure sur le drapeau de guerre rappelle la date du 1er août 1928, jour de la création de l'armée populaire de libération.

Armes de l'État

Drapeau de guerre

HONG KONG

Colonie britannique cédée par la Chine en 1841, Hong Kong se compose de l'île du même nom, du territoire de Kowloon, de l'île de Lan Tao et de nombreuses autres îles plus petites. Son drapeau est le pavillon bleu britannique, portant sur le battant les armes de la colonie. Sur ces armes figurent deux jonques à trois mâts et une couronne navale qui rappelle l'importance de Hong Kong comme port international. Les supports sont à droite un lion (symbole de la Grande-Bretagne) et à gauche un dragon (symbole de la Chine).

Armes de Hong Kong

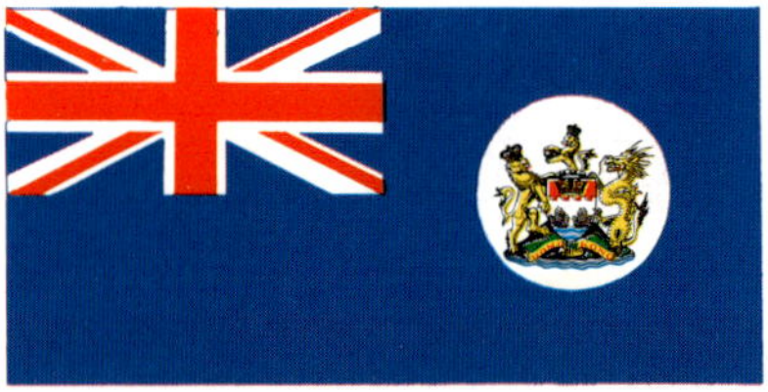

Drapeau de la colonie, de guerre et de la marine de guerre

Drapeau du gouverneur

Taiwan (ex-Formose) est un État insulaire qui constitue politiquement la République de la Chine nationaliste. Adopté en 1914, son drapeau a pour origine celui du Kuo-min-tang (parti nationaliste chinois), conçu par Sun Yat-sen, fondateur de ce mouvement et premier président de la République chinoise.
Le Soleil – qui constitue également les armes de l'État – est le symbole officiel du parti. Le rouge figure le sacrifice du peuple et est aussi l'emblème du groupe ethnique majoritaire, les Han. Le blanc est symbole de loyauté et de fraternité, le bleu celui de justice et d'égalité.

Armes de l'État

Étendard du président

Drapeau de guerre

Drapeau de commerce

RÉPUBLIQUE DÉMOCRATIQUE POPULAIRE DE CORÉE

Adopté en 1948, le drapeau de la Corée du Nord est une synthèse d'éléments traditionnels et de symboles contemporains. Le blanc, qui est une ancienne couleur emblématique du pays, représente la pureté ; le bleu exprime l'espérance de paix. La bande et l'étoile rouges font évidemment référence à l'idéal communiste. Le disque blanc qui entoure l'étoile rappelle la forme du traditionnel *yin-yang* (*t'aeguk* en coréen), qui symbolise dans la philosophie chinoise les principes antagonistes et complémentaires de la nature : jour et nuit, eau et feu, masculin et féminin, etc.
Entourées de gerbes de riz, les armes de l'État ont pour thème principal l'industrialisation du pays : sur fond de paysage montagneux figurent un pylône de ligne à haute tension et une centrale hydroélectrique. Une étoile rouge rayonnante souligne le rôle primordial qu'assume le parti communiste. L'inscription du bas précise le nom de l'État.

Armes de l'État

Conçu à la fin du XIXe siècle, le drapeau de la Corée du Sud refit son apparition en 1948 et fut officiellement adopté en 1950, après quelques modifications. Le fond blanc représente la paix et la pureté. Il porte en son centre le *yin-yang* – imaginé au XIIIe siècle par le philosophe chinois Tchou Hi –, qui symbolise les forces antagonistes et complémentaires de la nature, telles que le ciel et la terre, l'été et l'hiver, le chaud et le froid. De même origine sont les quatre trigrammes *(kwae)* évoquant les saisons, le positif et le négatif, les points cardinaux, etc.
Sur les armes de l'État, le *yin-yang* est placé au centre d'une églantine, fleur très commune en Corée, où elle est un symbole de force et de ténacité.

Armes de l'État

Pavillon de la marine de guerre

JAPON

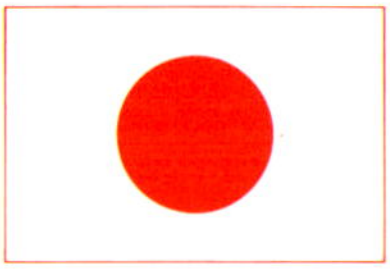

Ancêtre légendaire de l'empereur et symbole de l'« empire du Soleil-Levant », le Soleil est un élément essentiel de la tradition historique japonaise depuis plus de mille ans. C'est ce qui explique qu'il figure sur le drapeau du Japon, où il est présenté sous la forme d'un disque rouge sur fond blanc, le *Hi-no-maru :* « Disque du Soleil ». Il s'agissait à l'origine de l'emblème des Tokugawa, l'un des plus prestigieux clans aristocratiques japonais, et c'est en 1870 qu'il fut adopté par l'État. On retrouve ce symbolisme solaire, avec diverses variantes, sur le drapeau de guerre et sur le pavillon de la marine de guerre, ce dernier présentant un soleil entouré de seize rayons.

Le *mon,* emblème de l'empereur, est une fleur de chrysanthème stylisée à seize pétales et figure sur un fond rouge au centre de l'étendard impérial.

Étendard impérial

Pavillon de la marine de guerre

Le drapeau du Népal, dont la forme est unique en son genre, remonte au XIXe siècle, mais ne fut officiellement adopté qu'en 1962, après avoir subi de légères modifications. La présence du Soleil et de la Lune exprime l'espoir que le pays pourra vivre aussi longtemps que ces deux astres.

Un paysage népalais typique, sur fond d'Himalaya, constitue l'essentiel des armes de l'État. La faune et la flore du pays sont représentées par une vache blanche, un faisan et des fleurs de rhododendron. Les deux soldats gurkhas, dont l'un est en uniforme britannique, rappellent les hauts faits militaires du peuple népalais. Le Soleil et la Lune, deux drapeaux et la couronne royale complètent cet ensemble. La devise du bas signifie : « La patrie a plus d'importance que le royaume des cieux ».

Armes de l'État

Armes royales

Étendard royal

BANGLADESH

Situé dans la zone deltaïque du Gange, où il est périodiquement soumis à des inondations catastrophiques, le Bangladesh proclama son indépendance le 26 mars 1971. Il se séparait ainsi du Pakistan, dont il constituait la province orientale, bien qu'il en fût séparé par le vaste territoire de l'Inde.
Le champ vert du drapeau évoque la production agricole et les liens du pays avec le monde islamique. Le disque rouge symbolise le sang versé pendant la lutte pour l'indépendance. Décalé, il est plus proche de la hampe que du battant, afin d'apparaître au centre du drapeau lorsque celui-ci flotte au vent.
Sur les armes de l'État, le nénuphar stylisé, les feuilles de jute et les tiges de riz représentent certaines des espèces végétales les plus typiques du pays. En bas, les eaux stylisées symbolisent les deux principaux cours d'eau de la région, le Gange et le Brahmapoutre. En haut, les quatre étoiles sont une évocation des objectifs politiques de la révolution.

Armes de l'État

Après avoir été sous la dépendance de l'Empire chinois, du Tibet et de la Grande-Bretagne, le Bhoutan signa, en 1949, un traité avec l'Inde, qui laisse à ce pays le contrôle de la défense nationale et des relations extérieures. Le drapeau actuel, dont l'origine remonte au XIXe siècle, comprend deux couleurs qui se répartissent en diagonale : le jaune safran de la partie supérieure symbolise l'autorité royale, le rouge orangé de la partie inférieure l'adhésion au bouddhisme. Le dragon, qui est, dans les mythologies de l'Asie, un animal bénéfique, symbole de puissance et de générosité, est investi au Bhoutan d'un caractère particulier : le nom tibétain du pays est *Druk-Yul,* ce qui signifie à la fois : « Pays du Dragon » et « Pays du Tonnerre ». La tradition associe le tonnerre, très fréquent dans les vallées de la région, à la voix du dragon.

Au centre des armes royales figure, entre deux dragons, une évocation décorative des éclairs, symboles de l'autorité des moines bouddhistes.

Armes royales

MYANMAR (ex-Birmanie)

Le mouvement de résistance du peuple birman, qui se constitua pendant la Seconde Guerre mondiale, au moment de l'invasion japonaise, choisit un drapeau rouge au canton marqué d'une étoile blanche. Après avoir obtenu de la Grande-Bretagne sa pleine indépendance, en 1948, la Birmanie adopta un drapeau analogue, en y ajoutant un champ bleu autour de l'étoile et cinq autres étoiles plus petites représentant les différentes composantes ethniques de la population. Le rouge est symbole de courage, le bleu évoquant le ciel nocturne sur lequel se détachent les étoiles blanches, symboles de progrès et de pureté.
Ce drapeau fut en partie modifié en 1974, après l'instauration du nouveau régime socialiste. Sur le champ bleu du canton figurent aujourd'hui une roue dentée et une tige de riz symbolisant les ouvriers et les paysans, ainsi que quatorze étoiles, dont le nombre correspond à celui des États fédérés qui constituent l'union de Myanmar.

Le centre des armes de l'État se compose d'une carte du pays et d'une roue dentée. L'ensemble est encadré par deux lions, figures traditionnelles de l'iconographie birmane, qui symbolisent la force tempérée par la sagesse. Depuis le début de 1989, la Birmanie a changé de nom pour devenir le Myanmar.

Armes de l'État

L'éléphant blanc, symbole de la dynastie régnante et qui figurait autrefois sur le drapeau national, n'apparaît plus aujourd'hui que sur celui de la marine de guerre. Le drapeau actuel fut adopté en 1917. Les bandes blanches et les bandes rouges symbolisent respectivement la pureté soutenue par la foi religieuse et le sacrifice du peuple pour sa patrie. Quant au bleu, c'est la couleur nationale traditionnelle. La figure ailée qui compose les armes royales est l'aigle géant Garuda, monture légendaire du dieu Vishnu.

Armes royales

Drapeau de guerre

Pavillon de la marine de guerre

LAOS

Soumis pendant une très grande partie de son histoire à l'hégémonie de diverses nations étrangères, le Laos fut ravagé, au XVIIIe siècle, par les guerres entre le Vietnam, la Birmanie et le Siam. Occupé par les Siamois au siècle suivant, il devint un protectorat français au début du XXe siècle.
Indépendant en 1952, le Laos devint alors le théâtre de violents affrontements entre les factions nationalistes, pro-communistes (Pathet Lao) et neutralistes.
Avec la fin du conflit vietnamien, dans lequel le Laos fut largement impliqué, le Pathet Lao occupa une position dominante qui lui permit, après avoir signé en 1973 un accord d'union avec le gouvernement de Vientiane (la capitale), de prendre finalement le contrôle du pays et d'y remplacer, en 1975, la monarchie par une république démocratique.
Adopté en 1975, le drapeau actuel, à trois bandes horizontales rouge-bleu-rouge, est en fait celui du Pathet Lao, ce qui témoigne clairement de l'orientation politique de l'État laotien.

Armes de l'État

CAMBODGE

Indépendant à partir de 1966, le Cambodge fut ensuite déchiré pendant plus d'une vingtaine d'années par de sanglantes guerres civiles. La république populaire, proclamée en 1979 après l'intervention des troupes vietnamiennes, demeura longtemps en conflit armé avec les partisans du gouvernement de coalition de la république démocratique (Khmers rouges), qui conserva seule la représentation du pays à l'ONU. Le retrait des troupes vietnamiennes en 1989 a marqué le début du processus de pacification, qui s'est poursuivi en 1990 sur la base du plan élaboré par les représentants des cinq pays membres permanents du Conseil de sécurité des Nations unies. Les accords de Paris signés sous l'égide de l'ONU ont donné naissance à un gouvernement de coalition : le Conseil national suprême. Siégeant à Phnom Penh depuis décembre 1991, le Conseil, présidé par le prince Norodom Sihanouk, réunit des membres de toutes les factions en lutte les années passées. En 1992, un nouveau drapeau a été adopté : sur champ bleu ciel, le Cambodge est représenté par la couleur blanche; le nom de l'État est inscrit en caractères khmers.

VIETNAM

L'avènement de la République socialiste du Vietnam, qui fut officiellement proclamée le 2 juillet 1976, mit fin à l'un des plus longs conflits de l'histoire contemporaine et à près de trente années de division politique de ce pays.

Le drapeau et les armes, qui furent adoptés en même temps que la constitution du nouvel État, étaient déjà utilisés depuis une vingtaine d'années par la République démocratique du Vietnam (Vietnam du Nord). Le rouge représente la révolution et le sang versé par le peuple vietnamien pour la conquête de sa liberté ; l'étoile à cinq branches symbolise l'unité des ouvriers, des paysans, des intellectuels de la jeunesse et de l'armée.

La guirlande de riz – principale production agricole du pays – et la roue dentée représentent respectivement les activités agricoles et industrielles.

Armes de l'État

Créé en 1898 par le général Emilio Aguinaldo et aussitôt adopté par les organisations indépendantistes en exil à Hong Kong, le drapeau des Philippines a été officiellement reconnu en 1943. Le triangle blanc symbolise le mouvement de libération qui lutta contre la colonisation espagnole. Les étoiles représentent les trois principales régions du pays : les îles de Luçon et de Mindanao, et l'archipel des Visayas. Les huit rayons du Soleil symbolisent les huit provinces qui furent à l'origine du soulèvement contre les Espagnols. Le bleu et le rouge – dont la disposition s'inverse en temps de guerre – évoquent respectivement le courage et la magnanimité. Le blanc est symbole de paix.

Le lion et l'aigle rappellent respectivement la domination de l'Espagne et celle des États-Unis. Au centre, le Soleil représente l'indépendance de l'État.

Armes de l'État

MALAYSIA

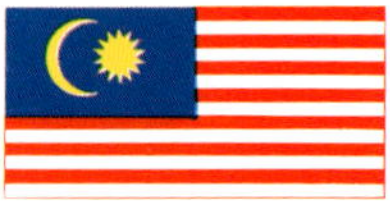

L'union des onze États de Malaisie avec le Sabah, le Sarawak (anciens territoires britanniques de l'île de Bornéo) et avec Singapour donna naissance, en 1963, à la Fédération de la Malaysia. Le drapeau qui fut adopté cette même année évoque, par le nombre de ses bandes et des branches de l'étoile, les quatorze États de la fédération (dont Kuala Lumpur). Il est demeuré inchangé, même après la sécession de Singapour, indépendant en 1965.

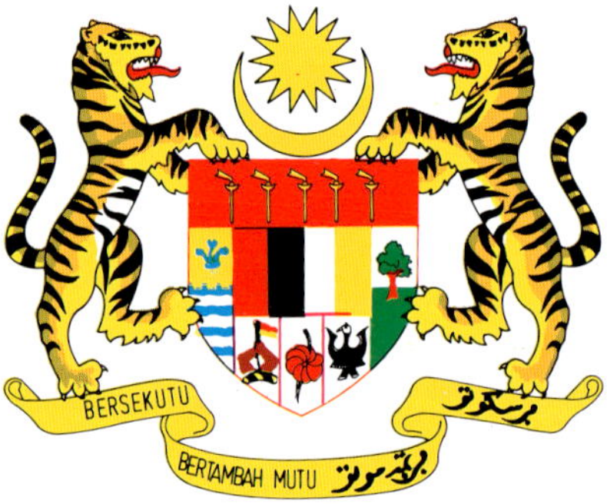

Armes de l'État

Étendard du chef de l'État

Le rouge et le blanc du drapeau officiellement adopté en 1959 symbolisent respectivement la fraternité universelle et la pureté. Le croissant et les étoiles représentent le nouvel État et les idéaux (les étoiles) qui sont les siens : démocratie, paix, progrès, justice et égalité. Le lion des armes nationales évoque le nom de Singapour : « La Cité des lions », et le tigre l'ancienne association avec la Malaysia. La devise signifie : « En avant, Singapour ».

Armes de l'État

Pavillon de la marine de guerre

Drapeau de commerce

Indépendant depuis 1984 tout en étant un État membre du Commonwealth, le Brunei est un sultanat situé dans le nord de l'île de Bornéo et qui refusa, en 1963, de faire partie de la Fédération de la Malaysia.

Dans sa version originelle, son drapeau a été conçu en 1908. Les armes y furent ajoutées en 1959. On y voit une colonne ailée reposant sur un croissant, symbole de la religion islamique. Les inscriptions en arabe signifient : « Avec l'aide de Dieu, le Bien triomphera » et « Brunei, cité de la paix ».

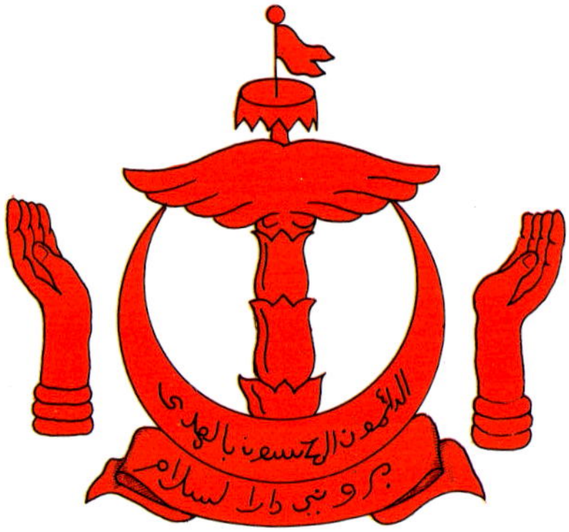

Armes de l'État

Drapeau de l'État et de la marine marchande

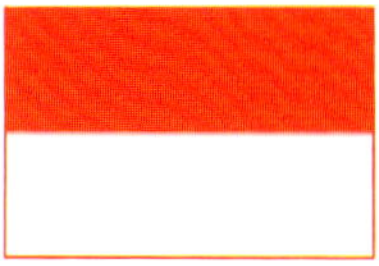

Utilisés dès la fin du XIIe siècle, le blanc et le rouge furent choisis comme emblèmes par le mouvement indonésien de libération nationale en 1922. Ces deux couleurs devinrent officiellement celles du drapeau national en 1945, au moment de la proclamation d'indépendance. Ce sont les mêmes, aux proportions près, qui figurent sur le drapeau de Monaco. Garuda, l'oiseau sacré de la religion hindouiste, est l'emblème principal des armes de l'État; l'étoile qui figure au centre de l'écu évoque la foi en la divinité; la tête de buffle symbolise la souveraineté du peuple et sa lutte pour l'indépendance; le banian, une sorte de figuier, incarne la conscience de l'identité nationale; les riges de riz et de coton (plantes respectivement utilisées dans l'alimentation et l'habillement) représentent la prospérité économique du pays; quant à la chaîne, elle évoque l'égalité entre les différentes composantes ethniques de la population, ce que confirme la devise : « Unité dans la diversité ».

Armes de l'État

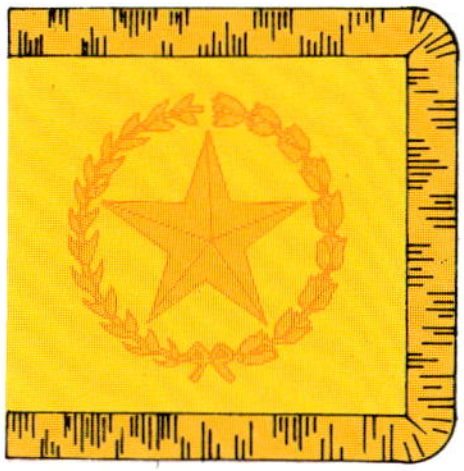

Étendard du président

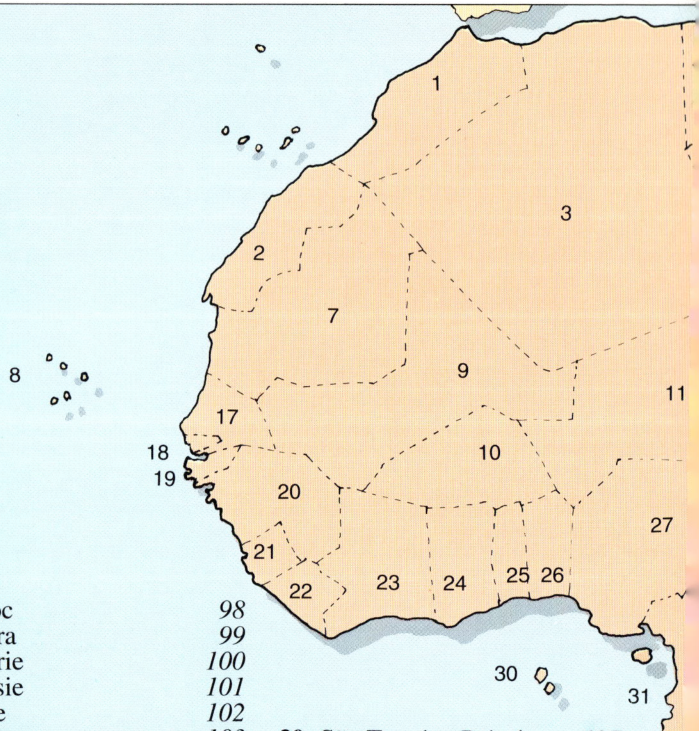
1
3
2
7
8
9
11
17
18
10
19
20
27
21
22
23
24
25
26
30
31

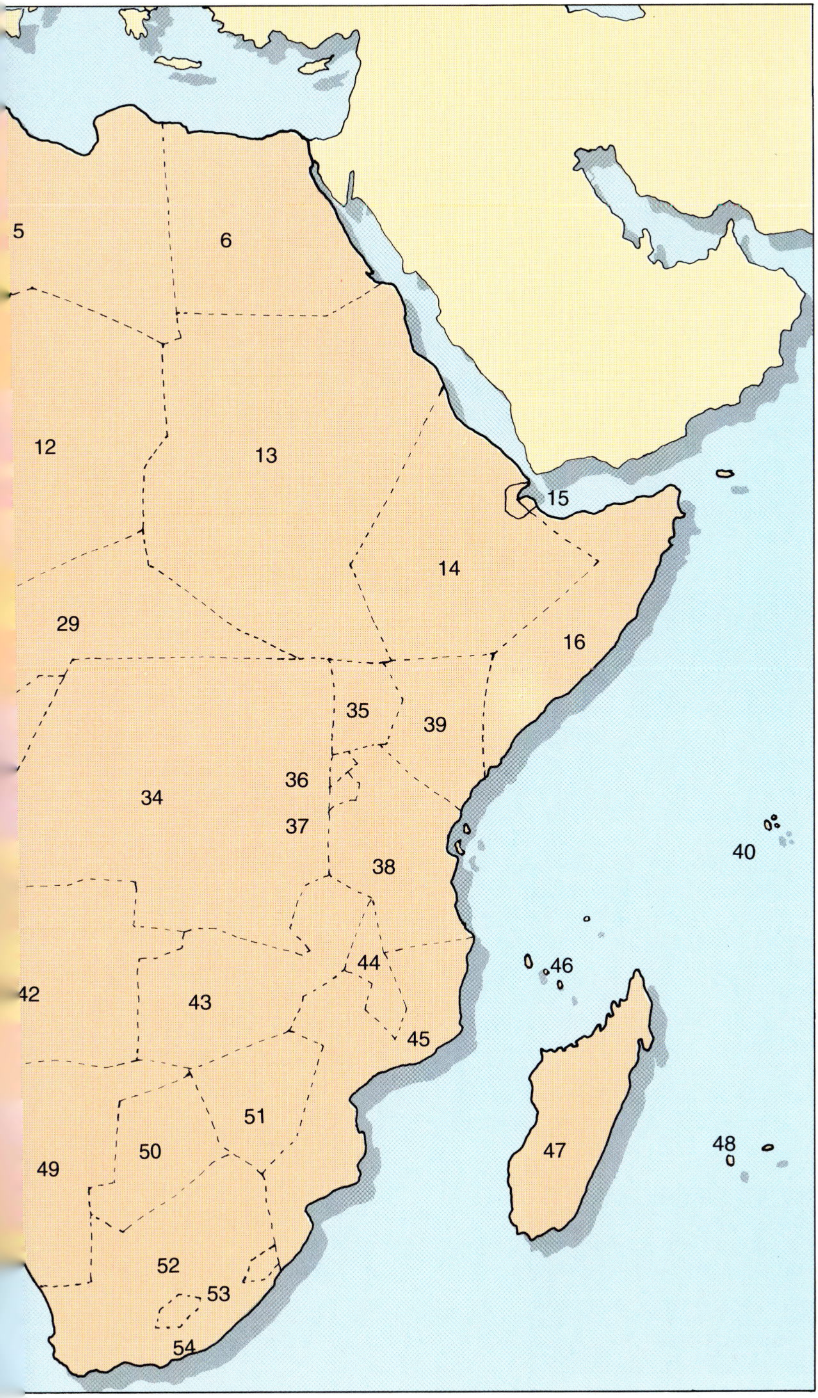
5
6
12
13
15
14
29
16
35
39
36
34
37
40
38
44
46
42
43
45
47
51
48
50
49
52
53
54

MAROC

Au moment de son indépendance, en 1956, le royaume du Maroc confirma officiellement l'adoption d'un drapeau qui datait de 1915. L'étendard rouge était répandu dans le pays depuis au moins trois siècles ; quant au pentacle vert (le sceau de Salomon), il ne fut choisi qu'en 1915. De 1912 à 1956, le pavillon de la marine marchande portait au canton, sur le champ rouge, les trois couleurs de la France.
Au centre des armes royales, le sceau de Salomon figure sur un fond montagneux qui représente le Haut Atlas. L'inscription en arabe est une citation du Coran : « Si tu aides Dieu, Lui t'aidera ».

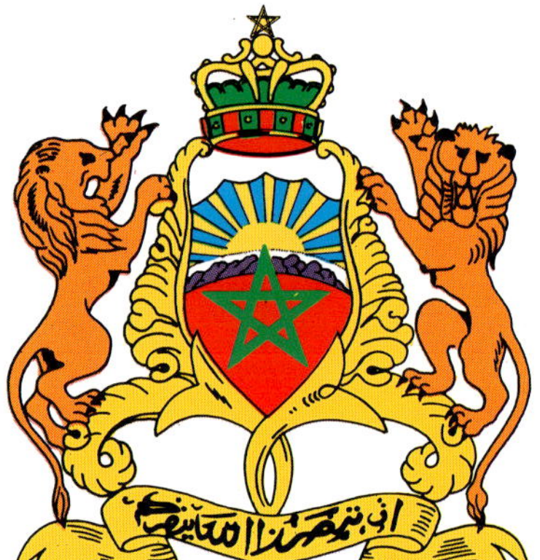

Armes royales

Pavillon de la marine de guerre

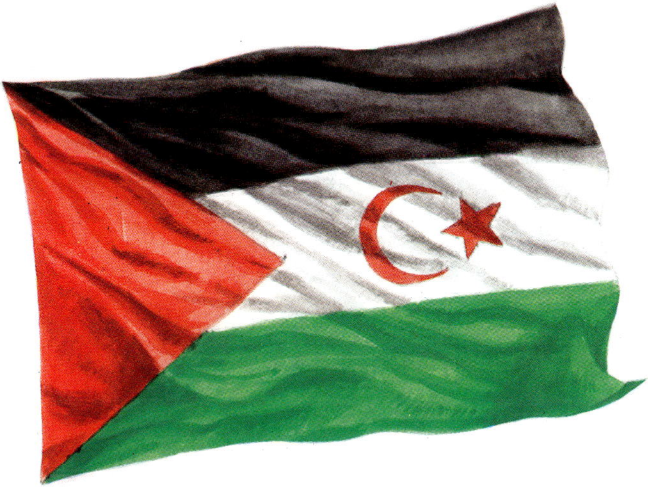

Appelée très couramment Sahara occidental, cette vaste région d'Afrique du Nord correspond à l'ancien Sahara espagnol, qui se divise administrativement en deux provinces : Rio de Oro et Saguia el-Hamra. C'est le dernier territoire africain qui se libéra d'une tutelle coloniale, quand il cessa d'être administré par l'Espagne, en 1976. Mais, faute d'accords suffisamment précis sur le statut de son indépendance, il fut aussitôt tiraillé entre les prétentions du Maroc au nord et celles de la Mauritanie au sud, ce qui aboutit à son partage de fait entre ces deux pays.

Cette situation fut toutefois très mal accueillie par la majorité de la population, qui aspirait à la création d'un véritable État indépendant. C'est pourquoi, le 27 février 1976, au lendemain du retrait espagnol, on annonça la constitution d'une République arabe sahraouie démocratique (RASD), soutenue militairement et politiquement par le Front populaire pour la libération de la Saguia el-Hamra et du Rio de Oro (Polisario). Cette proclamation se traduisit bientôt par de multiples actions de guerre, qui permirent au Polisario de s'assurer le contrôle d'une grande partie du territoire. La Mauritanie finit par accepter d'abandonner les zones qu'elle réclamait, mais celles-ci furent aussitôt occupées par l'armée marocaine.

Son statut d'État indépendant ayant été officiellement reconnu par de nombreuses nations africaines, la République sahraouie adopta un drapeau dont les quatre couleurs sont celles que l'on retrouve le plus couramment dans les pays arabes et du Moyen-Orient. Le noir évoque la défaite des ennemis, le rouge le sang répandu par les armes arabes, le vert la fertilité de la terre, et le blanc la pureté. Le croissant et l'étoile sont les symboles islamiques les plus usités en Afrique du Nord.

Ce même drapeau, mais dépourvu du croissant et de l'étoile, a également été adopté comme emblème de la Palestine par l'OLP (Organisation pour la libération de la Palestine).

ALGÉRIE

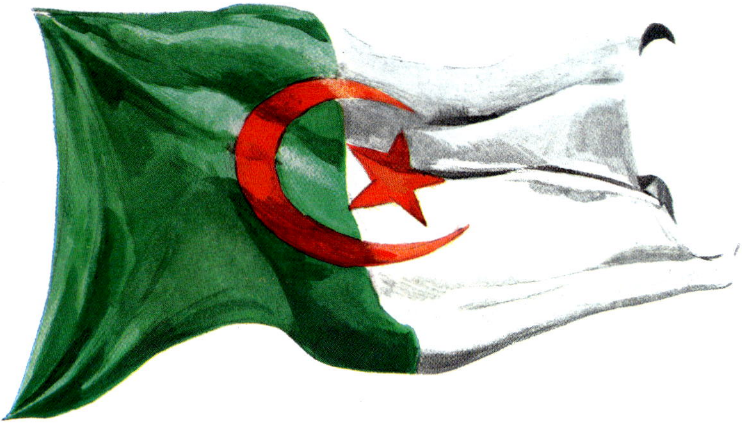

En accédant à l'indépendance, le 3 juillet 1962, l'Algérie adopta officiellement pour drapeau celui qui était l'emblème du Front de libération nationale depuis 1948. Les opinions divergent quant à ses origines. Les sources traditionnelles en attribuent la paternité à Abd el-Kader, l'un des chefs de la « guerre sainte » menée contre l'occupation française au XIXe siècle. Selon une autre version, plus vraisemblable, il aurait été conçu par Messali Hadj en 1928, quelques années après la création par celui-ci du mouvement nationaliste l'Étoile nord-africaine. Le blanc représente la pureté, le vert, le croissant et l'étoile à cinq branches étant des éléments symboliques que l'on retrouve dans la plupart des pays de culture islamique. L'étoile et le croissant, en particulier, sont l'emblème de Constantinople, l'ancienne capitale de l'Empire ottoman.
Les caractères arabes figurant sur les armes de l'État sont les initiales des mots « République algérienne ».

Armes de l'État

Le drapeau de la Tunisie, adopté au milieu du XIXe siècle, témoigne des liens qui unirent ce pays à l'Empire turc, auquel il fut inféodé pendant des siècles.
Le champ rouge, l'étoile et le croissant – symboles caractéristiques de l'Empire ottoman et que l'on retrouve dans divers pays de tradition islamique – furent même utilisés entre 1881 et 1956, pendant la période du protectorat français en Tunisie. La nef qui figure sur les armes de l'État évoque le souvenir des navigateurs phéniciens qui colonisèrent une partie du pays dans l'Antiquité. Au centre de l'écu, la devise en arabe signifie : « Ordre, Liberté, Justice ».

Armes de l'État

Étendard du président

LIBYE

En 1969, après avoir renversé le régime monarchique, le jeune colonel Muammar al-Kadhafi, leader de la révolution libyenne, fit adopter un nouvel emblème national. Pour marquer son identité de vue avec le président égyptien Nasser, il choisit un drapeau à bandes horizontales rouge-blanc-noir, identique à celui de l'Égypte. En 1971, après l'alliance de la Libye avec l'Égypte et la Syrie dans le cadre de l'Union des Républiques arabes, ces trois pays décidèrent d'adopter un même drapeau, afin de symboliser leur volonté de créer un État arabe unifié. On reprit les trois couleurs déjà en vigueur, en y ajoutant des armes dans la bande blanche centrale.

En 1977, le voyage du président Sadate en Israël fut considéré par Kadhafi comme un acte de trahison à l'égard de la cause arabe, ce qui entraîna l'abandon du drapeau utilisé jusqu'alors et son remplacement par un autre, uniformément vert. Dans l'esprit du leader libyen, il s'agissait à la fois de symboliser la Révolution verte, c'est-à-dire la lutte contre la sous-alimentation de son pays, et l'appartenance de celui-ci à la tradition religieuse islamique. Les armes de l'État se composent d'un écu de la même couleur que le drapeau national et d'un faucon, emblème de la tribu des Quraychites, dont faisait partie le prophète Mahomet ; elles sont complétées par le nom du pays en arabe. Dans l'essentiel de leur conception, ces armes sont identiques à celles que la Libye avait utilisées lorsqu'elle faisait partie de l'Union des Républiques arabes.

Armes de l'État

On retrouve les couleurs du drapeau de l'Égypte dans celui de nombreux États du Moyen-Orient, ce qui témoigne de l'influence de ce pays dans la vie politique des nations de tradition islamique. Sous sa forme actuelle, ce drapeau tricolore fut adopté peu de temps après la chute de la monarchie, en 1952. Le rouge y symbolise la révolution et les sacrifices du peuple, le blanc l'avenir radieux du pays, et le noir les années révolues de l'oppression.
Ce même drapeau tricolore, marqué de deux étoiles vertes qui symbolisent l'union avec la Syrie (RAU), fut utilisé de 1958 à 1971. En 1972, la constitution de l'Union des Républiques arabes avec la Libye et la Syrie entraîna le remplacement des étoiles par un faucon. Sur la version actuelle du drapeau égyptien, adoptée en 1984, on retrouve un symbole traditionnel de l'unité arabe, l'aigle de Saladin, qui figurait déjà sous une forme légèrement différente dans les armes de l'État entre 1923 et 1971.

Armes de l'État

Drapeau de guerre

Pavillon de la marine de guerre

MAURITANIE

République islamique située dans le nord-ouest du continent africain, la Mauritanie occupe une position géographique qui en fait une zone de contact et de transition entre la civilisation arabe au nord et les cultures d'Afrique noire au sud.
Indépendante depuis 1960, la Mauritanie avait adopté, l'année précédente, un drapeau dont le champ vert frappé d'un croissant et d'une étoile à cinq branches exprimait clairement l'adhésion de ce pays à la foi musulmane. Le vert et le jaune sont – avec le rouge – des couleurs qui apparaissent couramment dans les drapeaux africains. Le vert, en particulier, est considéré comme un symbole d'espoir et de prospérité.
Les symboles islamiques du croissant et de l'étoile se retrouvent, avec un palmier et des tiges de mil, sur le sceau de l'État (la Mauritanie n'a pas d'armes), qui fut adopté en 1960. La double inscription rappelle que l'arabe et le français sont les deux langues officielles du pays.

Sceau de l'État

C'est en 1460 que des navigateurs portugais découvrirent les îles du Cap-Vert, à l'occasion d'un voyage d'exploration autour de l'Afrique. Après des siècles d'administration coloniale, cet archipel devint une république indépendante, le 5 juillet 1975. Ce même jour fut arboré le nouveau drapeau national, dont la conception s'est inspirée de celui de la République de Guinée-Bissau.
C'était en effet un drapeau tricolore comportant une bande verticale rouge flanquée de deux bandes horizontales jaune et verte.
Cette similitude reflétait l'espoir qu'avaient nourri certains militants indépendantistes des deux pays d'unir ceux-ci en une seule nation.
En 1990, le parti communiste, qui avait dominé la scène politique du pays depuis l'indépendance, dut renoncer au monopole qu'il exerçait : le processus de démocratisation était lancé. C'est en 1991 qu'eurent lieu les premières élections multipartites, dont les résultats sanctionnèrent le régime communiste. Une nouvelle constitution fut adoptée en 1992. L'actuel drapeau présente sur champ bleu dix étoiles disposées en cercle et, dans la moitié inférieure, trois bandes horizontales blanc, rouge, blanc. Le bleu symbolise la profondeur de la mer, et les étoiles les dix îles principales qui composent le pays.

MALI

Indépendant depuis le 22 septembre 1960, le Mali doit son nom à l'un des grands empires qui marquèrent le passé historique de cette partie de l'Afrique. La conception de son drapeau tricolore à bandes verticales, officiellement adopté le 1er mars 1961, s'inspire de celui de la France, mais avec des couleurs (le vert, le jaune et le rouge) qui figurent également sur l'emblème national de nombreux autres États de l'ancienne Afrique française. Ce choix fut, en outre, déterminé par le fait que ces couleurs étaient celles du mouvement politique dont l'action fut déterminante dans l'accession du Mali à l'indépendance. Sur la bande jaune centrale figurait à l'origine la représentation stylisée d'un danseur africain, image symbolique très répandue dans le pays. Sa suppression fut ensuite décidée, sous la pression des musulmans, qui constituent la majorité de la population locale et pour lesquels la représentation d'un être humain est frappée d'interdit.

Armes de l'État

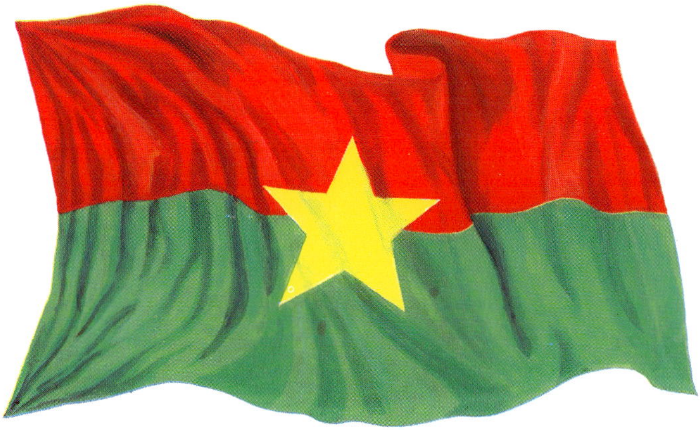

Ancienne colonie française indépendante depuis 1960, la République de Haute-Volta changea de nom le 4 août 1984, pour devenir le Burkina Faso : « La Patrie des hommes intègres ». Cette date fut également marquée par l'adoption d'un nouveau drapeau et de nouvelles armes nationales. Sur ces dernières, la roue dentée, la houe, la mitraillette et le livre ouvert représentent respectivement la classe ouvrière, les paysans, l'armée et les intellectuels.
Les tiges de sorgho, une plante dont la culture joue un rôle fondamental dans l'économie traditionnelle du pays, symbolisent le bonheur de la population. Quant à l'étoile rouge, elle est l'emblème des idéaux révolutionnaires qui servent de référence au régime en place.
La devise du bas est rédigée en français, qui est la langue officielle du pays.

Armes de l'État

NIGER

Ancienne colonie française, le Niger devint une république indépendante en 1960. Cette même année fut adopté un nouveau drapeau national, tricolore à bandes horizontales, dont l'orange représente les régions désertiques du Sahara, le blanc la pureté, et le vert l'espérance et les territoires fertiles de la partie méridionale du pays. Quant au disque orange de la bande centrale, il symbolise le Soleil.

Les armes de l'État ne furent adoptées qu'en 1962. Autour d'un soleil rayonnant figurent notamment une tête de buffle et des tiges de mil, qui représentent les deux principaux éléments de l'économie nationale traditionnelle : l'élevage et l'agriculture. En haut à gauche, la lance et les épées touaregs entrecroisées évoquent les anciens empires qui jouèrent un rôle dans le passé de cette partie de l'Afrique.

Armes de l'État

Le drapeau tricolore qui fut adopté en 1959 par la République du Tchad s'inspire manifestement de celui de la France, comme c'est d'ailleurs le cas dans d'autres États africains qui sont d'anciennes colonies françaises.

Le bleu représente le ciel, l'espoir et la partie méridionale du pays, le jaune évoque le Soleil et les régions septentrionales, et le rouge symbolise la conscience nationale et le progrès.

La jeune femme qui figure sur le sceau de l'État incarne le caractère africain du pays et de sa population. En revanche, les armes nationales – sur lesquelles on retrouve les trois couleurs du drapeau – ne semblent guère avoir de rapport avec les traditions locales et font plutôt penser à un blason européen.

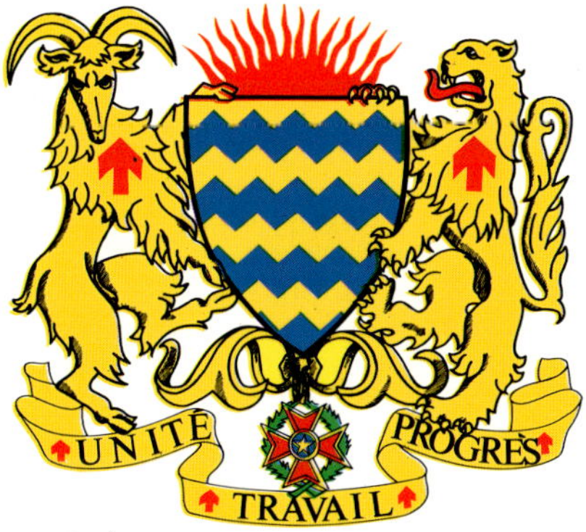

Armes de l'État

Sceau de l'État

Situé dans le nord-est de l'Afrique, le Soudan devint un condominium anglo-égyptien en 1899.
Au moment de son indépendance, le 1er janvier 1956, le Soudan prit pour emblème un drapeau tricolore à bandes horizontales, bleu-jaune-vert. Mais celui-ci fut ensuite remplacé par un autre, après la révolution de 1969. Adopté officiellement le 20 mai 1970, ce nouveau drapeau s'inspire de celui de l'Égypte, par référence au panarabisme qui imprègne la politique du nouveau régime. Le rouge symbolise la révolution socialiste et le sang versé par les patriotes. Le blanc représente la paix, tout en rappelant la couleur qui avait été l'emblème de la révolution de 1924. Le noir fait allusion au fait que cette partie de l'Afrique doit son nom aux Arabes, qui l'appelèrent *Bled es soudan*, « Pays des Noirs ». Le vert est à la fois la couleur traditionnelle de l'islam et un symbole de prospérité.
Sur les armes de l'État figurent un serpentaire – un oiseau typique du pays – et deux inscriptions en arabe : le nom de l'État et la devise : « La victoire est à nous ».

Armes de l'État

Étendard du président

Premier État indépendant d'Afrique, l'Éthiopie adopta, vers la fin du siècle dernier, un drapeau dont les couleurs représentent ce qu'on appelle aujourd'hui les « couleurs panafricaines », car on les retrouve, depuis les années 50, dans les emblèmes de nombreux pays d'Afrique.

Le vert, le jaune et le rouge sont profondément enracinés dans les plus anciennes traditions du pays : ils sont originellement liés à la liturgie de l'Église copte, pour laquelle ils symbolisent tout à la fois la Trinité et les trois vertus théologales (la foi, l'espérance et la charité). Selon une interprétation plus récente, le vert représente la terre et ses produits, le jaune les ressources naturelles et la paix, et le rouge le courage du peuple pour la défense de sa liberté.

DJIBOUTI

Au XIXe siècle, la France occupa et unifia sous sa tutelle les petits États africains situés à l'entrée de la mer Rouge. Appelée d'abord Côte française de Somalie, puis Territoire français des Afars et des Issas, cette région obtint son indépendance le 27 juin 1977 en devenant la République de Djibouti. Le nouvel État prit aussitôt pour drapeau celui qui avait été initialement conçu pour la Ligue populaire africaine pour l'indépendance (LPAI). Celle-ci était née de la fusion de plusieurs mouvements nationalistes qui avaient déjà utilisé des drapeaux analogues. Le triangle est un symbole d'égalité, sa couleur blanche étant elle-même symbole de paix, et l'étoile rouge celui d'unité. Les deux bandes horizontales correspondent aux deux principaux groupes ethniques du pays : le vert pour les Afars et le bleu pour les Issas somalis, cette dernière couleur se retrouvant d'ailleurs sur le drapeau de la Somalie. Selon une autre interprétation, le vert représenterait la terre, et le bleu le ciel et la mer. Sur les armes de l'État figurent un bouclier, deux mains tenant chacune un poignard, une lance et l'étoile rouge de l'unité. L'ensemble est entouré d'une couronne protectrice de feuillages, qui évoque la défense du pays.

Armes de l'État

Formé par la réunion du Somaliland, un ancien protectorat britannique, et de l'ex-territoire italien de Somalie, le nouvel État obtint son indépendance le 1er juillet 1960 sous l'égide de l'Organisation des Nations unies.

Déjà utilisé depuis 1954, le drapeau somalien à champ d'azur s'inspire directement de celui des Nations unies. L'étoile est un symbole de liberté, ses cinq branches évoquant les régions où se répartit l'ensemble de la population somalienne : l'ex-Somaliland britannique, l'ancien territoire sous tutelle italienne, le Territoire des Afars et des Issas (Djibouti), ainsi qu'une partie de l'Éthiopie (Ogaden) et du Kenya.

Les éléments du drapeau composent l'essentiel des armes de l'État. La couronne, dont l'origine remonte à la période de colonisation italienne, est un symbole de souveraineté.

Armes de l'État

SÉNÉGAL

Indépendant depuis 1960 et associé la même année au Mali, dans le cadre de la Fédération du Mali, le Sénégal adopta un drapeau tricolore vert, jaune et rouge, comportant initialement une silhouette humaine stylisée dans la bande centrale. La rupture avec la fédération entraîna, par la suite, le remplacement de la silhouette humaine par une étoile verte, symbole de la liberté africaine. D'une façon générale, d'ailleurs, le choix des couleurs (dites « panafricaines ») traduit la pleine adhésion de l'État sénégalais à la cause de l'unité africaine, leur répartition en trois bandes verticales s'inspirant, en revanche, du drapeau français.

Sur l'écu des armes de l'État figurent un lion, symbole de force, et un baobab, l'arbre emblématique du Sénégal ; la bande ondulée verte représente le fleuve qui a donné son nom au pays. Cet ensemble est complété par une devise analogue à celle du Mali et par le cordon de l'Ordre national de la République.

Armes de l'État

Étroitement enclavée à l'intérieur du territoire sénégalais le long du cours inférieur du fleuve qui lui donne son nom, la Gambie est le plus petit des États africains, ses délimitations ayant été la conséquence des dissensions coloniales opposant la France et la Grande-Bretagne.
Devenue indépendante en 1965, la Gambie adopta, cette année-là, un drapeau sur lequel le fleuve dont elle porte le nom est représenté par la bande bleue centrale. Le rouge et le vert symbolisent respectivement le Soleil et les produits de l'agriculture, les deux bandes blanches évoquant la paix et la pureté.
Dans les armes de l'État, le palmier, la hache et la houe soulignent l'importance de l'agriculture dans l'économie du pays. Les deux lions qui supportent l'écu sont symboles de noblesse et de fierté. La devise (« Progrès, Paix, Prospérité ») est rédigée en anglais, langue officielle du pays. Quant au heaume, on peut s'étonner de sa présence, plutôt insolite.

Armes de l'État

GUINÉE-BISSAU

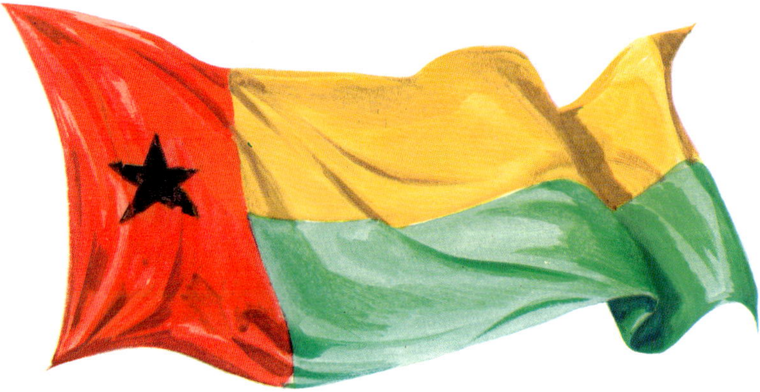

Après avoir été proclamée unilatéralement, le 24 novembre 1973, l'indépendance de la Guinée-Bissau ne fut reconnue officiellement par le Portugal qu'environ un an plus tard. Le drapeau, qui fut adopté en 1973, est celui que s'était choisi le Parti africain pour l'indépendance de la Guinée et du Cap-Vert (PAIGC), auquel revient le mérite d'avoir mené à bien la lutte contre la tutelle coloniale portugaise. C'est ce même parti et son rôle dans l'émancipation du pays que représente l'étoile noire, les autres couleurs symbolisant – selon un usage couramment répandu en Afrique – les caractéristiques dominantes (forêts, savanes, etc.) des principales régions de Guinée-Bissau.

L'étoile noire et les couleurs du drapeau se retrouvent dans les armes de l'État, dont la devise en portugais (langue officielle du pays) signifie : « Unité, Lutte, Progrès ».

Armes de l'État

Adopté en 1958, l'année de la proclamation de son indépendance, le drapeau tricolore de la Guinée s'inspire, comme beaucoup d'autres, de celui de la France, dont ce pays fut une colonie. Le rouge représente le sacrifice du peuple au cours de sa lutte pour la liberté, le jaune le Soleil et les richesses du sous-sol, et le vert la luxuriance de la végétation. Ces trois couleurs ont un contenu symbolique d'autant plus important qu'elles rappellent, en outre, les trois mots qui composent la devise nationale : « Travail, Justice, Solidarité ».

On retrouve cette devise et les trois couleurs du drapeau sur les armes de l'État. La colombe portant un rameau d'olivier est un symbole traditionnel de paix ; quant à l'éléphant, c'est l'emblème du Parti démocratique de Guinée (PDG), qui joua un rôle véritablement fondamental dans l'accession du pays à l'indépendance.

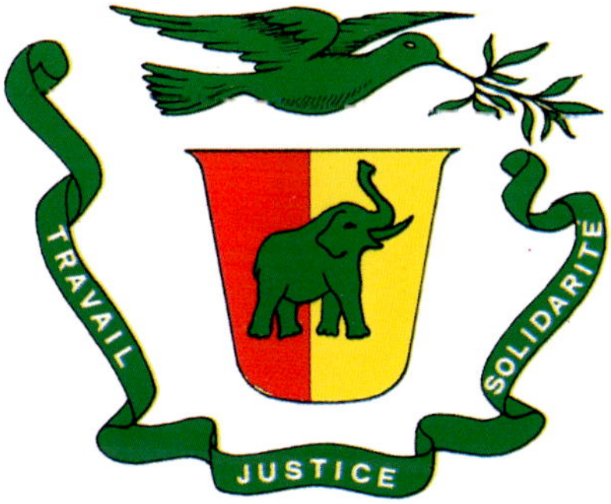

Armes de l'État

SIERRA LEONE

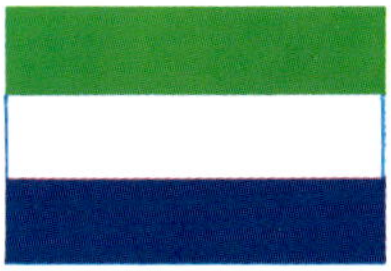

Adopté le 27 avril 1961, le jour de son indépendance, l'emblème national de la Sierra Leone est un drapeau tricolore vert-blanc-bleu cobalt à bandes horizontales. Le vert représente traditionnellement l'agriculture, mais aussi, dans le cas de la Sierra Leone, les paysages montagneux qui caractérisent une grande partie de ce pays. Le blanc symbolise à la fois la paix et la justice, le bleu évoquant l'océan Atlantique. Dans les armes de l'État, le lion central et ceux qui supportent l'écu font allusion au nom de la Sierra Leone, « la montagne du lion » et aux liens historiques unissant ce pays à la Grande-Bretagne. Les bandes ondulées bleues et les trois torches symbolisent respectivement la mer et la liberté conquise grâce aux lumières de la connaissance. Les deux palmiers représentent l'importance de l'agriculture dans l'économie. La devise (« Unité, Liberté, Justice ») est rédigée en anglais, langue officielle.

Armes de l'État

Le Libéria fut fondé en 1822, à l'initiative de la Société américaine de colonisation, une association fondée quelques années plus tôt aux États-Unis dans le but d'offrir aux esclaves libérés la possibilité de retourner s'établir en Afrique. Devenue un État indépendant en 1847, cette nouvelle nation adopta un drapeau analogue à celui des États-Unis.

Les bandes blanches et rouges évoquent les onze personnalités qui signèrent la déclaration d'indépendance. L'étoile blanche à cinq branches rappelle que, à l'époque de sa fondation, le Libéria était le seul État indépendant d'Afrique noire, l'ensemble de ce continent étant lui-même représenté par le champ bleu du canton.

Dans les armes de l'État, la colombe portant un parchemin incarne un message de paix et de liberté. Le soleil levant et le navire s'approchant du rivage symbolisent la naissance d'une nouvelle nation. La charrue et la bêche évoquent le travail de la terre, dont le palmier symbolise la fertilité. La devise du haut signifie : « L'amour de la liberté nous a amenés ici ».

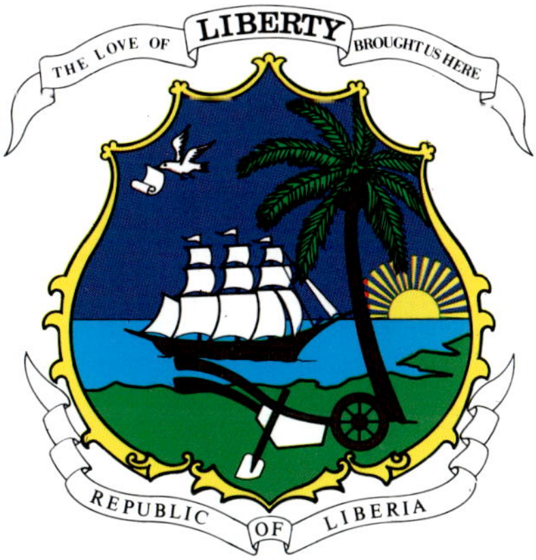

Armes de l'État

Étendard du président

CÔTE-D'IVOIRE

Reprenant la conception du drapeau tricolore français, celui de la Côte-d'Ivoire fut adopté en 1959, un an avant la proclamation officielle de son indépendance. L'orange représente le progrès et la partie septentrionale du pays, le vert l'espérance et les forêts des régions méridionales, le blanc symbolisant, quant à lui, l'unité du pays.

L'éléphant qui figure au centre des armes de l'État est l'emblème du Parti démocratique de Côte-d'Ivoire, qui fut le principal artisan de l'indépendance nationale.

Le drapeau de la Côte-d'Ivoire se compose des mêmes couleurs que celui de l'Irlande, mais dans un ordre inversé des bandes verticales et avec des proportions légèrement différentes.

Armes de l'État

Indépendant depuis 1957, le Ghana a choisi pour son drapeau les couleurs que l'on retrouve le plus couramment dans les emblèmes des pays d'Afrique. Le rouge évoque la lutte pour l'indépendance, le jaune et le vert représentant respectivement les richesses du sous-sol et de la terre. L'étoile noire est, en Afrique, un symbole de liberté.

Dans les deux quartiers du haut des armes de l'État figurent des symboles d'autorité : une épée et une massue à gauche, un château à droite. Les quartiers du bas sont consacrés aux deux principaux éléments de l'économie nationale, l'agriculture et l'exploitation du sous-sol, évoqués respectivement par un arbre et par un puits de mine. La devise, rédigée en anglais (langue officielle du pays), signifie : « Liberté et Justice ».

Le lion qui figure au centre de l'écu et la croix de Saint-Georges du pavillon de la marine de guerre rappellent les liens qui unissent le Ghana à la Grande-Bretagne.

Armes de l'État

Pavillon de la marine de guerre

Drapeau de commerce

TOGO

Colonie allemande jusqu'à la Première Guerre mondiale, le Togo fut par la suite placé sous tutelle franco-britannique, puis administré uniquement par la France, avant d'acquérir sa pleine indépendance, le 27 avril 1960.

Sur le drapeau qui fut adopté au moment de l'indépendance, les bandes vertes représentent la foi en l'avenir et les produits de la terre, les bandes jaunes le travail et les ressources minières du pays. Le champ rouge du canton évoque la mémoire des martyrs de la liberté, tout en étant également symbole d'amour et de fidélité. Quant à l'étoile blanche, elle représente la sagesse et l'espoir.

Les deux lions des armes de l'État évoquent le courage du peuple, dont la ferme volonté de défendre le pays contre ses ennemis extérieurs est soulignée par les arcs et les flèches. La devise est rédigée en français, qui est la langue officielle du Togo.

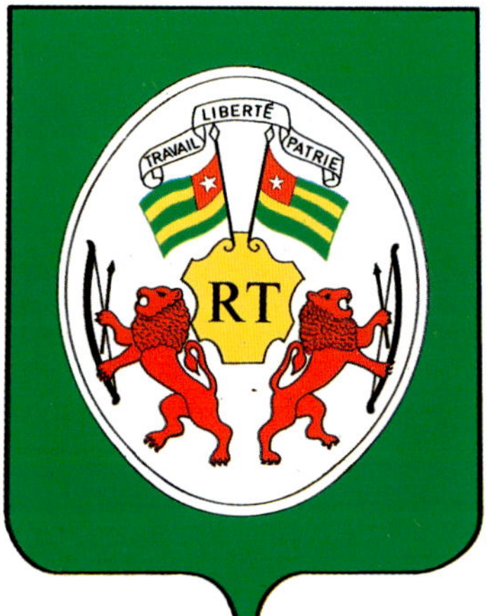

Armes de l'État

Ancienne colonie française d'Afrique occidentale, le Bénin (ex-Dahomey) devint une république indépendante en 1960. Situé entre le Niger et le littoral atlantique, c'est l'un des plus petits États d'Afrique. La multiplicité ethnique de la population (issue de l'éclatement et des dissensions des anciens royaumes locaux) est sans doute l'une des principales causes de l'instabilité politique qui marque l'histoire récente de ce pays. Le drapeau porte les trois couleurs « panafricaines » (vert, jaune et rouge).

NIGERIA

Colonie, puis protectorat de la Grande-Bretagne, le Nigeria, tel qu'il se délimite actuellement, a été formé en 1914 par la réunion des anciens territoires des royaumes du Nord et du Sud. Devenu indépendant en 1960, il fait partie du Commonwealth depuis 1963. Choisi parmi tous les projets présentés sous forme d'un concours qui réunit près de trois mille participants, le drapeau du nouvel État fut adopté en 1960. Sa conception, simple mais efficace, est due à Michael Taiwo Akinkunmi. Les deux bandes latérales vertes représentent l'agriculture, sur laquelle se fonde l'économie du pays; le blanc est symbole de paix et d'unité.

Les armes de l'État ont été adoptées en 1960. Le fond noir de l'écu représente la fertilité du territoire national, et le dessin en Y le fleuve Niger et son affluent le Bénoué, qui se rejoignent au centre du pays. Les autres éléments de ces armes – les chevaux rampants et l'aigle – sont respectivement des symboles de dignité et de force.

Armes de l'État

Étendard du président

Né en 1961 de la réunion de l'ancien Cameroun français (déjà indépendant depuis 1960) et des territoires du Sud administrés par la Grande-Bretagne, le nouvel État choisit un drapeau tricolore, vert, rouge et jaune, dont la bande verte était marquée de deux étoiles indiquant le caractère fédéral du pays. En 1975, à la suite du référendum de 1972 qui avait doté le Cameroun d'une nouvelle constitution de type unitaire, les deux étoiles furent remplacées par une seule, figurant cette fois sur la bande rouge centrale. Le vert symbolise l'espérance et la végétation des territoires du Sud, le jaune le Soleil et les territoires du Nord, le rouge l'union de ces deux régions.

La partie rouge centrale des armes de l'État, sur laquelle figurent les contours géographiques du pays, représente le mont Cameroun ; la balance et l'épée symbolisent la justice et l'unité. Les deux étoiles bleues sont un rappel des deux régions qui constituent la république.

Armes de l'État

RÉPUBLIQUE CENTRAFRICAINE

Adopté en 1958, le drapeau de la République centrafricaine est d'une conception dont il n'existe aucun autre exemple au monde. L'étoile représente la liberté ; la juxtaposition des couleurs panafricaines (rouge, vert et jaune) et de celles du drapeau tricolore français exprime la volonté de maintenir entre l'Afrique et l'Europe un état d'esprit de fraternité et de coopération. On retrouve ce même principe dans la devise nationale, *Zo kwe Zo,* qui signifie littéralement : « Un homme est un homme », mais que l'on peut traduire plus librement par la formule : « Tous les hommes sont égaux ».

Au centre des armes de l'État, derrière l'étoile de la liberté, figurent les contours géographiques du pays. La main noire du quatrième canton (en bas, à droite) évoque le souvenir d'un mouvement qui était en activité avant l'indépendance et dont le but était la promotion sociale des populations africaines.

Armes de l'État

Étendard du président

SÃO TOMÉ ET PRÍNCIPE

Situé dans le golfe de Guinée, cet État indépendant est formé des deux îles dont il porte le nom et qui sont représentées sur son drapeau par les deux étoiles noires de la bande jaune centrale.

Les couleurs de ce drapeau sont celles que l'on retrouve le plus couramment dans les emblèmes des nations africaines. En l'occurrence, le rouge est destiné à évoquer le sang versé pendant la lutte pour l'indépendance. Le jaune représente le cacao, qui joue un rôle important dans l'économie du pays, et le vert l'ensemble des autres végétaux qui caractérisent la flore des deux îles. Enfin, le noir des étoiles rappelle que São Tomé et Príncipe font partie de l'Afrique.

Dominé pendant plusieurs siècles par le Portugal, l'archipel obtint son indépendance le 12 juillet 1975 et adopta cette année-là, comme emblème national, le drapeau du Mouvement de libération de São Tomé et Príncipe (MLSTP), qui avait mené la lutte contre la tutelle coloniale portugaise.

Sur la banderole située dans le bas des armes de l'État (dont le nom est indiqué en portugais au-dessus de l'étoile bleue) est inscrite la devise : « Unité, Discipline, Travail ». Sur l'écu central, que supportent deux oiseaux typiques de la faune insulaire, figure un arbre, symbole de fertilité.

Armes de l'État

GUINÉE-ÉQUATORIALE

Ancienne colonie espagnole, la Guinée-Équatoriale obtint son indépendance le 12 octobre 1968. Le même jour fut adopté un drapeau dont le triangle bleu situé en bordure de la hampe représente la mer qui relie la province continentale aux îles qui constituent l'autre partie du pays. Le vert, le blanc et le rouge symbolisent respectivement les produits de l'agriculture, la paix et la lutte pour l'indépendance.

Sur l'écu des armes de l'État figure un arbre de soie (également appelé « arbre de Dieu »), une espèce forestière très largement répandue dans le pays et qui était originellement l'emblème de Bata, capitale de la province continentale du Mbini (ex-Rio Muni). Les six étoiles représentent la province continentale et les cinq îles qui constituent la Guinée-Équatoriale. La devise en espagnol, langue officielle du pays, signifie : « Unité, Paix, Justice ».

Armes de l'État

Adopté depuis 1959, le drapeau du Gabon comprenait originellement une bande jaune plus étroite et le drapeau français au canton. Le vert représente la forêt, le jaune le Soleil, et le bleu la mer.

Les armes de l'État, qui furent officiellement adoptées en 1963, ont été conçues par Louis Mühlemann, un héraldiste helvétique de réputation internationale. L'arbre (un okoumé) et les trois disques d'or représentent respectivement les ressources forestières et les richesses minières du Gabon. Le navire – sur lequel flotte le pavillon national – évoque tout à la fois la volonté de progrès du pays et l'importance des activités maritimes dans son économie. Les deux panthères noires qui soutiennent l'écu représentent les populations locales.

Au-dessus de l'écu, la devise en latin signifie : « Unis, nous allons de l'avant ».

Armes de l'État

Étendard du président

CONGO

Ex-colonie de l'Afrique-Équatoriale française, le Congo acquit le statut de territoire d'outre-mer en 1946, avant de devenir, en 1958, république autonome, dans le cadre de l'Union française.
Pleinement indépendante depuis le mois d'août 1960, la République du Congo conserva d'abord le drapeau tricolore vert-jaune-rouge à bandes diagonales qui était utilisé depuis 1958. L'évolution de cet État vers le socialisme, qui s'amorça en 1963, aboutit, six ans plus tard, à la constitution d'une république populaire, qui faisait jouer un rôle prépondérant au Parti congolais du travail (PCT) dans la direction du pays. Le drapeau adopté en 1970 exprimait clairement l'orientation politique du nouveau régime. L'étoile représentait l'espérance, et les palmes la paix. Le marteau et la hache (laquelle remplaçait la faucille, comme c'était également le cas dans d'autres pays africains) symbolisaient l'unité des ouvriers et des paysans. Le rouge, universellement considéré comme la couleur emblématique du socialisme, servait en outre, ici, à évoquer le sang versé par les combattants qui luttèrent contre l'occupation coloniale française.
Dans la mouvance de la chute des régimes communistes, le Parti unique renonce au marxisme en 1990, amorçant le processus de démocratisation du pays. Le multipartisme étant désormais admis, une « conférence nationale » se réunit en 1991 afin de « préparer l'avenir démocratique ». La dénomination « République du Congo » est adoptée et la nation décide de rétablir les symboles en vigueur avant l'instauration du régime communiste, renouant avec le drapeau à bandes obliques verte, jaune et rouge datant de 1958.

République indépendante depuis 1960 sous le nom de Zaïre, l'ancien Congo belge adopta, en 1971, un nouveau drapeau – le troisième depuis l'indépendance –, dont les couleurs « panafricaines » (vert, jaune et rouge) témoignent d'une orientation politique essentiellement tournée vers la coopération avec les autres nations d'Afrique. L'emblème qui figure au centre du drapeau – un bras tenant une torche – s'inspire directement de celui du Mouvement populaire de la révolution.

Les armes de l'État se composent d'une tête de léopard, d'une lance et d'une flèche entrecroisées, d'un rameau d'olivier et d'une défense d'éléphant. La devise du bas est en français, la langue officielle du pays. Le président du Zaïre est également le chef des forces armées. C'est ce qu'évoque son étendard, sur lequel des symboles modernes des trois armes (terre, air, mer) voisinent avec la lance et la flèche des armes de l'État.

Armes de l'État

Étendard du président

OUGANDA

La République d'Ouganda est indépendante depuis le 9 octobre 1962. Au centre du drapeau qui fut adopté la même année figure une grue couronnée, emblème qui était déjà utilisé à l'époque coloniale. Le noir, le jaune et le rouge représentent respectivement la population africaine, le Soleil et la fraternité.
Les armes de l'État ont également été adoptées en 1962. Les symboles héraldiques de l'eau représentent le grand lac Victoria et les sources du Nil. Le Soleil, symbole des régions équatoriales, situe la position géographique de l'Ouganda. Le tambour, emblème traditionnel de l'autorité royale en Afrique, évoque les anciens royaumes qui marquèrent le passé du pays. En bas, des plants de café et de coton rappellent l'importance de ces produits agricoles dans l'économie nationale. La devise, rédigée en anglais, la langue officielle du pays, signifie : « Pour Dieu et mon pays ».

Armes de l'État

Étendard du président

Indépendante depuis 1962, la République du Ruanda faisait auparavant partie du territoire du Ruanda-Urundi, qui était sous tutelle de la Belgique. Les trois couleurs du drapeau qui fut adopté l'année de l'indépendance représentent la lutte pour la liberté (rouge), la victoire de la révolution (jaune) et la foi en l'avenir (vert). Le « R », qui est l'initiale du nom de cet État, est le seul élément qui permette de distinguer ce drapeau de celui de la Guinée. Il semble que cette lettre fasse également allusion au référendum de 1961, qui aboutit à l'instauration d'un régime républicain.

Dans les armes de l'État, la colombe et le rameau d'olivier symbolisent traditionnellement la paix. La houe et la faucille représentent le travail de la terre. Quant à l'arc et à la flèche, ils expriment la volonté de défendre la liberté récemment conquise.

Armes de l'État

BURUNDI

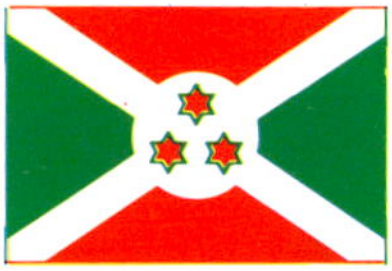

Indépendant depuis 1962, le Burundi – qui fut tout d'abord une monarchie – choisit initialement un drapeau au centre duquel figurait un tambour, symbole traditionnel de l'autorité royale en Afrique. Après le coup d'État qui transforma le pays en une république, le tambour fut remplacé, en 1967, par trois étoiles évoquant les trois mots qui composent la devise nationale. Le rouge représente les victimes de la lutte pour l'indépendance, le vert l'espérance, et le blanc la paix.
Les trois sagaies des armes de l'État ont la même signification que les étoiles du drapeau. Le lion qui figure sur l'écu est un emblème remontant à l'époque coloniale et que la république a conservé.

Armes de l'État

L'origine de la Tanzanie, née en 1964 de l'union du Tanganyika et de Zanzibar, inspira la conception du drapeau qu'adopta le nouvel État le 30 juin 1964. Le drapeau du Tanganyika se composait, à l'origine, de deux bandes vertes séparées par une bande noire, évocation de la fertilité de la terre et de la composante ethnique majoritaire de la population. A l'occasion de l'indépendance (1961), on y ajouta deux minces bandes jaunes représentant les ressources du sous-sol. L'union avec l'île de Zanzibar (indépendante à partir de 1963), qui avait un drapeau tricolore bleu-noir-vert, détermina l'incorporation d'une bande bleue et la disposition en diagonale de l'ensemble de ce nouveau drapeau.

Les principaux éléments des armes de l'État sont la torche emblématique de la liberté et, en bas, le mont Kilimandjaro (ou Uhuru) encadré par un plant de café et un plant de coton. La devise en swahili signifie : « Liberté et Unité ».

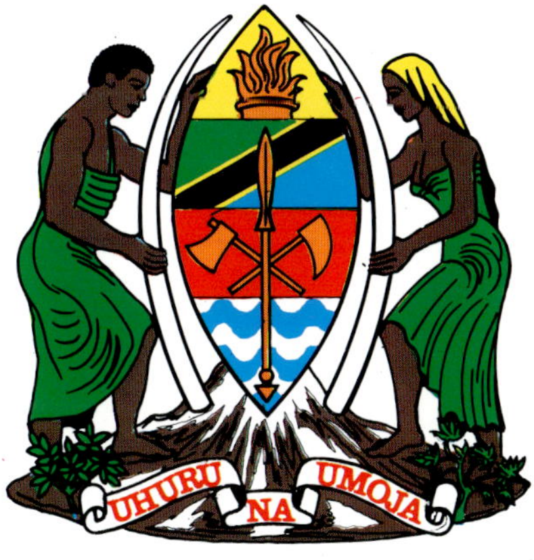

Armes de l'État

Étendard du président

KENYA

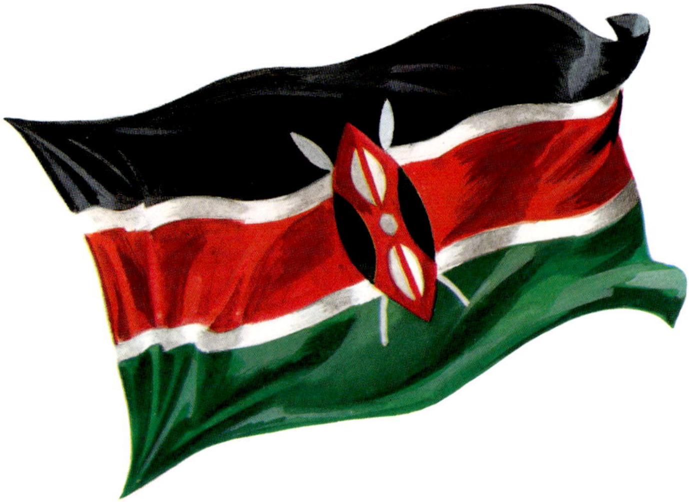

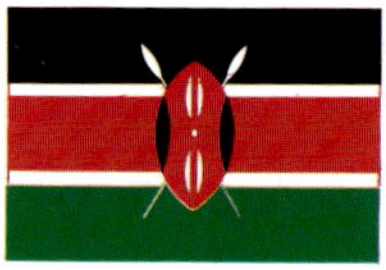

Ancien protectorat anglais depuis 1895, puis colonie de la Couronne britannique à partir de 1920, le Kenya acquit son indépendance en 1963 et adopta pour drapeau celui de la KANU (Kenyan African National Union), le mouvement politique qui avait mené la lutte contre l'occupation coloniale. Le noir et le rouge représentent la population africaine et son sang, symbole d'égalité entre les hommes. Le vert évoque la terre et ses richesses, et les deux bandes blanches (ajoutées au moment de l'indépendance) symbolisent la paix. Le bouclier masaï et les deux sagaies expriment la volonté du peuple kenyan de défendre sa liberté.

Sur l'écu des armes de l'État, que soutiennent deux lions rampants, figure un coq armé d'une hache, emblème de la KANU. Cet écu repose sur une représentation du mont Kenya, que recouvrent des produits de l'agriculture locale. La devise inscrite en swahili signifie : « Travaillons ensemble ».

Armes de l'État

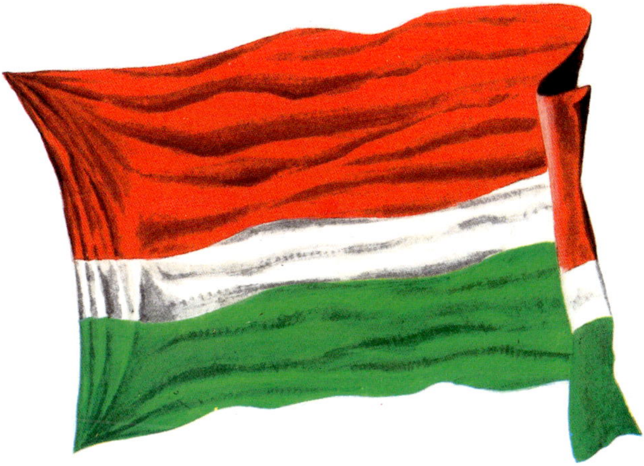

Les symboles qui figurent sur les armes des Seychelles ont été choisis au XIXe siècle par le général britannique Charles Gordon. Le palmier est une espèce que l'on ne trouve que dans cet archipel. De même, la tortue géante, l'oiseau tropical à queue blanche et les grands poissons pourvus d'un long rostre et d'une haute nageoire dorsale qui leur vaut le nom de « voiliers » sont des représentants typiques de la faune locale. La devise en latin signifie : « La réussite couronne le travail ».

Ancienne colonie française passée sous domination britannique, les Seychelles obtinrent leur indépendance en 1976. L'année suivante, une révolution mit en place un gouvernement socialiste, qui choisit un nouveau drapeau, toujours en usage aujourd'hui. Il s'agit de l'emblème du Parti uni du peuple des Seychelles, le mouvement politique qui avait organisé le changement de régime. La bande rouge symbolise la révolution et le progrès, la bande verte l'importance de l'agriculture. La bande blanche ondulée représente les ressources offertes par l'océan Indien à la population des Seychelles et les superbes plages de ces îles. Notons que c'est l'un des deux seuls pays au monde, l'autre étant Kiribati, dont le drapeau comporte des bandes ondulées.

Armes de l'État

SAINTE-HÉLÈNE

Située dans l'Atlantique Sud, la colonie britannique de Sainte-Hélène se compose de l'île du même nom et de plusieurs autres, dont les plus importantes sont Ascension et Tristan da Cunha.
L'île de Sainte-Hélène fut découverte en 1502 par le navigateur portugais João da Nova Castella, puis visitée, quelques dizaines d'années plus tard, par le navigateur anglais Thomas Cavendish, lors de son tour du monde. Servant d'escale sur la route des Indes, elle fut annexée, en 1633, par les Hollandais. Occupée ensuite par les Anglais, en 1659, elle devint un comptoir de la Compagnie des Indes, qui la conserva jusqu'en 1834, où elle fut placée sous le contrôle de la Couronne britannique. Mais elle est surtout célèbre pour avoir accueilli Napoléon Ier en exil, qui y passa les dernières années de sa vie.
Le drapeau de Sainte-Hélène est l'étendard colonial britannique frappé de l'emblème de la colonie, où figure un voilier qui aborde deux hauts promontoires.

Emblème de la colonie

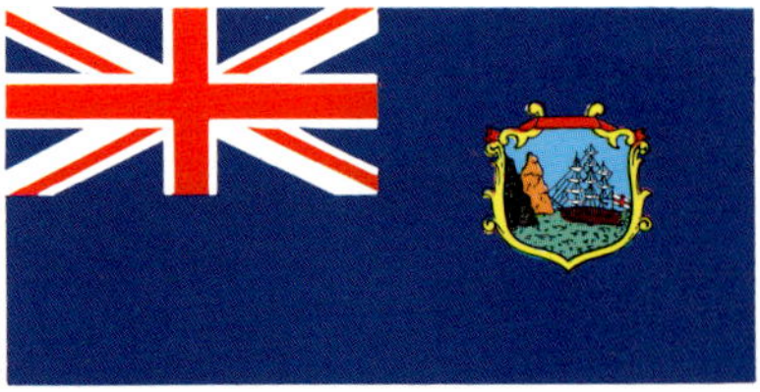

Drapeau de Sainte-Hélène

Après des siècles de domination coloniale portugaise, l'Angola devint une nation indépendante le 11 novembre 1975. Le drapeau qui fut officiellement adopté ce jour-là s'inspirait de celui du Mouvement populaire pour la libération de l'Angola (MPLA), dont le rôle avait été déterminant dans le soulèvement contre le régime colonial. La bande rouge représente la lutte pour la liberté, et le noir indique qu'il s'agit d'une nation indépendante d'Afrique noire. La machette et la roue dentée symbolisent l'union des travailleurs de la terre et de l'industrie pour améliorer le sort du pays. L'étoile est un double symbole d'internationalisme et de progrès, ses cinq branches représentant l'unité, la liberté, la justice, la démocratie et le progrès.
Très proche de ce nouveau drapeau national, celui du MPLA s'en différenciait par une étoile de plus grande taille, et par l'absence de la machette et de la roue dentée.
Les trois symboles du drapeau se retrouvent au centre des armes de l'État, où figurent également une houe africaine traditionnelle et des produits typiques de l'agriculture. Le livre ouvert d'où émerge un soleil levant symbolise l'importance de l'éducation et de la connaissance dans le développement culturel et le bien-être économique. Sur la banderole du bas, le nom de l'État est indiqué en portugais, la langue officielle du pays.

Armes de l'État

ZAMBIE

Adopté depuis 1964, l'année où le pays acquit son indépendance, le drapeau de la Zambie s'inspire de celui de l'United National Independance Party (UNIP). Le champ vert représente l'agriculture, le rouge, le noir et l'orange symbolisant respectivement la lutte pour la liberté, la population et les ressources minières. L'aigle incarne à la fois la conquête de la liberté et les aspirations d'une jeune nation en plein essor.

Les armes de l'État ont été conçues d'après l'emblème attribué à la Rhodésie du Nord (l'ancien nom du pays avant son indépendance) quand celle-ci était encore une colonie.

L'élément principal de cet emblème figure sur l'écu sous la forme d'une représentation stylisée des chutes Victoria. Les richesses naturelles du pays sont évoquées par une installation minière, un épi de maïs et un zèbre. La devise, qui signifie : « Une seule Zambie, une seule nation », souligne l'importance de l'unité nationale.

Armes de l'État

Étendard du président

Adopté en 1964, l'année de son indépendance, le drapeau actuel du Malawi (ex-Nyassaland) se compose de trois bandes horizontales noir-rouge-vert, avec un soleil levant au milieu de la bande noire. Un drapeau analogue – mais sans le soleil levant – avait déjà été utilisé, à partir de 1953, par le Nyassaland African National Congress, le parti auquel revient le mérite d'avoir fait accéder le pays à l'indépendance.

Le noir, le rouge et le vert représentent respectivement le peuple africain, le sang des combattants de la liberté et la fertilité de la terre. Le soleil levant fut ajouté, en 1964, pour symboliser le début d'une ère nouvelle.

Le lion qui figure au centre de l'écu rappelle l'adhésion du Malawi au Commonwealth. Le symbole héraldique de l'eau représente le lac Malawi (ou Nyassa), et la montagne sur laquelle repose l'écu est le massif du Mlanje. La devise du bas signifie : « Unité et liberté ».

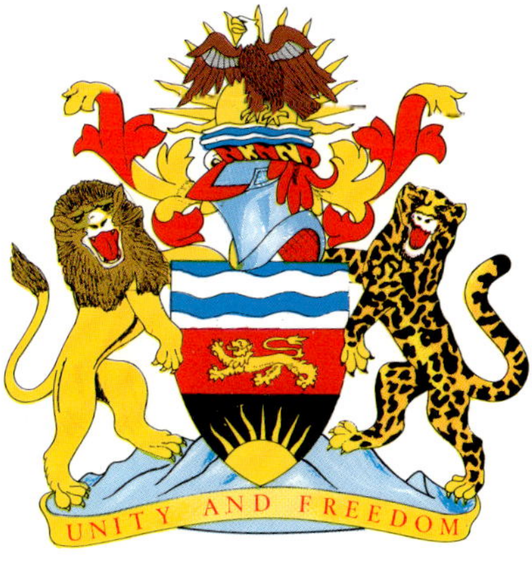

Armes de l'État

MOZAMBIQUE

Dans les années qui suivirent le passage de Vasco de Gama (1498), le territoire de l'actuel Mozambique fut colonisé par les Portugais, dont la domination sur le pays ne cessa, dès lors, de s'affirmer, à l'exception d'une brève période de semi-autonomie au XVIIIe siècle.
Le Mozambique obtint son indépendance le 25 juillet 1975, grâce à l'action du FRELIMO (Frente de Libertaçao de Moçambique), qui avait déclenché la lutte armée à partir de 1964.
Le premier drapeau, utilisé en 1974, fut celui du FRELIMO. Par la suite, on en adopta un autre, dont les couleurs (identiques à celles de la version précédente, mais disposées différemment) symbolisent la résistance au colonialisme, la lutte pour la liberté et la défense de la souveraineté nationale (rouge), la fertilité du sol (vert), le continent africain (noir), les richesses du sous-sol (jaune) et la paix (blanc). L'étoile représente l'esprit de solidarité internationale qui anime le peuple du Mozambique. Le livre, la houe et l'arme symbolisent respectivement les études, la production et la défense. Dans les armes de l'État, modifiées le 2 novembre 1990 à la suite d'un changement de constitution, figurent en outre un épi de maïs et un plant de canne à sucre (évocation des richesses agricoles), ainsi qu'une roue dentée représentant l'industrie.

Armes de l'État

Archipel de l'océan Indien situé au nord-ouest de Madagascar, cet ancien territoire de la France d'outre-mer devint une république indépendante le 6 juillet 1975. Signalées par les cartographes européens dans la première moitié du XVIe siècle, ces îles furent abordées vers 1590 par l'Anglais James Lancaster. Longtemps colonisées par les Arabes, elles furent occupées, au XIXe siècle, par la France, qui en fit d'abord un protectorat rattaché à Madagascar (1912), avant de leur attribuer le statut de territoire d'outre-mer. L'archipel bénéficia, dès lors, d'une autonomie administrative de plus en plus large, ce qui lui permit, en 1963, de remplacer les trois couleurs françaises par son propre drapeau. Le croissant et la couleur verte sont des symboles traditionnels de l'islam, la majorité de la population étant, en effet, musulmane. Les quatre étoiles représentent les principales îles de l'archipel : Grande Comore, Mayotte, Anjouan et Mohéli.

Armes de l'État

MADAGASCAR

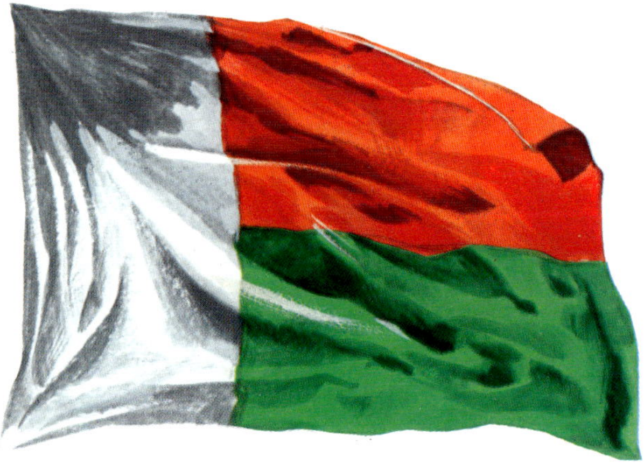

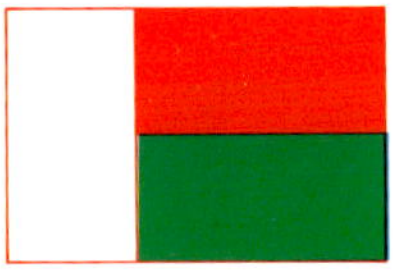

Découverte par les Européens au tout début du XVIe siècle, Madagascar fut, jusqu'à la fin du XIXe siècle, l'un des principaux centres du trafic des esclaves. Devenue colonie française en 1896, l'île obtint son indépendance en 1960. Son drapeau, adopté en 1959, s'inspire en partie de la bannière rouge et blanc des Mérinas (ou Hova), la composante majoritaire de la population malgache. Il est probable que cette bannière tire son origine de la forte immigration asiatique des siècles passés, le rouge et le blanc étant des couleurs fréquemment arborées en Asie. La bande verte représente les ethnies minoritaires, qui sont surtout représentées le long du littoral.

Sur les armes de l'État sont inscrits en malgache le nom du pays et la devise : « Patrie, Révolution, Liberté ». Un soleil levant, des armes et des produits de la terre complètent cet emblème.

Armes de l'État

MAURICE

Ce drapeau fut adopté en 1968, l'année où l'île Maurice devint un État indépendant. Le rouge, le blanc, le jaune et le vert symbolisent respectivement les martyrs des combats pour l'indépendance, la mer, la liberté et la fertilité de la terre. Sur l'écu des armes de l'État, la nef fait allusion aux premiers colonisateurs de l'île, et les trois palmiers à la végétation locale. La clé et l'étoile reprennent le thème de la devise latine : « L'étoile et la clé de l'océan Indien », qui évoque la position géographique de l'île. L'écu est encadré par deux plants de canne à sucre, et supporté par un sambar et un dodo, gros oiseau disparu.

Armes de l'État

Pavillon naval de l'État

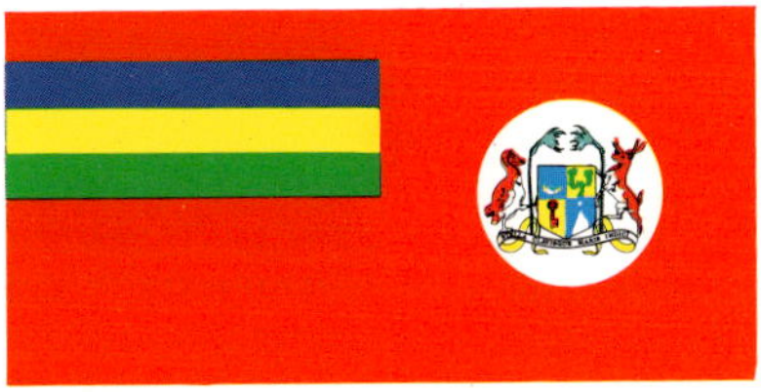

Drapeau de commerce

NAMIBIE

Au tout début de la Première Guerre mondiale, le protectorat allemand du Sud-Ouest africain fut occupé, à la demande du haut commandement britannique, par l'Union sud-africaine, qui obtint, en 1920, de la Société des Nations, un mandat de tutelle administrative sur ce territoire. Après la Seconde Guerre mondiale, l'Afrique du Sud refusa de transmettre son mandat à l'Organisation des Nations unies et procéda, de fait, à l'annexion du pays. En 1968, après que la SWAPO (Southwest Africa People's Organization) eut déclenché une guerre de libération nationale, l'ONU changea le nom du territoire en Namibie et, trois ans plus tard, la Cour internationale de justice déclara illégale son occupation par l'Afrique du Sud.

Le lent processus de décolonisation qui s'instaura sous la pression de l'ONU dans les années 70 aboutit finalement, en 1989, au retrait total et définitif des troupes sud-africaines qui occupaient le pays, et l'indépendance de la République de Namibie fut officiellement proclamée le 21 mars 1990. Pour le drapeau national qui fut adopté à cette occasion, on reprit les couleurs de la SWAPO : bleu, vert et rouge, mais on en changea la disposition, pour les présenter en diagonale et non plus à l'horizontale, et l'on y ajouta deux minces bandes blanches et un soleil jaune à douze rayons triangulaires.

Ancien protectorat britannique sous le nom de Bechuanaland, le Botswana est indépendant depuis 1966 et membre du Commonwealth. Le drapeau qui fut adopté cette même année symbolise l'égalité des populations blanche et noire sous le ciel du pays.

Les trois roues dentées et la tête de bœuf qui figurent sur les armes de l'État symbolisent respectivement l'essor industriel et l'élevage, l'importance de l'agriculture étant représentée par une tige de sorgho. Les deux zèbres et la défense d'éléphant évoquent la faune locale. La présence des zèbres a, en outre, une signification particulière : leur robe blanc et noir symbolise la volonté de coopération raciale qui s'exprime déjà sur le drapeau.

Le symbole héraldique de l'eau et le mot *Pula* (« pluie ») soulignent l'importance de la pluie, qui fertilise la terre, et dont, de ce fait, dépend la prospérité du pays.

Armes de l'État

Étendard du président

ZIMBABWE

De longues années de lutte armée contre le régime de la minorité blanche de la Rhodésie aboutit, le 18 avril 1980, à l'indépendance du pays, qui prit alors le nom de Zimbabwe. Le soir de ce même jour fut hissé pour la première fois le nouveau drapeau national. Les sept bandes horizontales reprennent les couleurs (noir, rouge, jaune et vert) qui figuraient sur l'emblème de la Zimbabwe African National Union (ZANU), la principale composante du Front patriotique et dont le leader, Mugabe, devint le Premier ministre du nouvel État. Le noir représente la majorité noire de la population, le rouge le sang versé au cours des luttes pour l'indépendance nationale, le jaune les richesses minières du pays, le vert la végétation et l'agriculture, le blanc la paix.

L'étoile rouge est le symbole du socialisme. Quant à l'oiseau, c'est la reproduction d'une ancienne statue africaine qui évoque les racines culturelles du Zimbabwe.

Ce même oiseau est également présent au cimier des armes de l'État, qui, pour le reste, correspondent à celles de l'ancienne Rhodésie. Dans le haut de l'écu figurent un lion et deux chardons, qui constituaient l'emblème personnel de Cecil Rhodes, le colonisateur du XIXe siècle qui avait donné son nom au pays. Un pic, évoquant l'importance des activités minières, et deux antilopes complètent cet ensemble. La devise latine signifie : « Qu'il soit digne de son nom ».

Armes de l'État

Utilisé depuis 1927, le drapeau tricolore orange-blanc-bleu (les couleurs de la maison d'Orange) date, en fait, du XVIIe siècle, où il fut introduit en Afrique du Sud par les colons hollandais.

L'emblème qui figure sur la bande blanche se compose de trois drapeaux. Celui de gauche est l'Union Jack, qui représente les colonies britanniques du Cap et du Natal. Celui du centre – un drapeau bicolore blanc et orange portant au canton les trois couleurs hollandaises – représente l'État libre d'Orange. Le drapeau de droite à quatre couleurs *(Vierkleur)* représente le Transvaal. Sur l'écu des armes de l'État sont symbolisées les quatre provinces de l'Afrique du Sud : Le Cap (en haut, à gauche), le Natal (en haut, à droite), l'État libre d'Orange (l'oranger) et le Transvaal (la voiture). Le thème de la devise latine (« De l'unité, la force ») est illustré, en haut, par le lion qui soutient un faisceau de cannes.

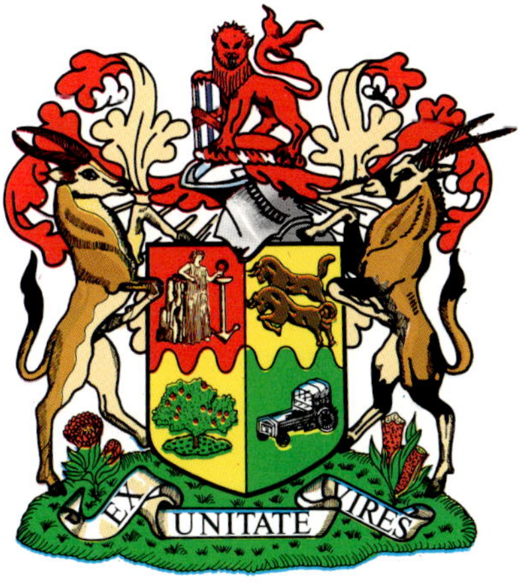

Armes de l'État

SWAZILAND

État autonome depuis 1967, le Swaziland proclama son indépendance l'année suivante, dans le cadre du Commonwealth. Il choisit alors pour drapeau celui qui avait été utilisé par les Swazis au cours de la Seconde Guerre mondiale. Le bleu, le jaune et le pourpre symbolisent respectivement la paix, les richesses du sous-sol et la lutte pour l'indépendance. L'emblème de la bande centrale se compose d'un bouclier traditionnel des guerriers emasotsha, de deux lances de guerriers zoulous et d'un bâton de combat orné de plumes d'oiseau.
Le lion et l'éléphant qui soutiennent l'écu des armes de l'État (où figure l'emblème du drapeau) sont les attributs de la famille royale ; leur signification symbolique est explicitée par la devise, qui signifie : « Nous sommes la force ».

Armes de l'État

Drapeau de l'État et de guerre

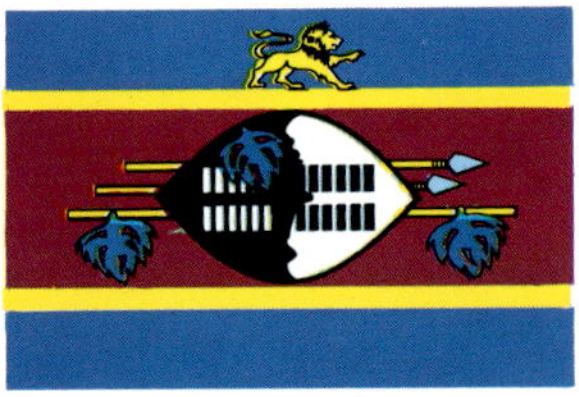

Étendard royal

LÉSOTHO

Indépendant depuis 1966, le Lésotho a adopté un drapeau dont les trois couleurs, blanc-bleu-vert, symbolisent respectivement la paix, la pluie fertilisante et la prospérité. Sur la partie blanche figure un écu stylisé qui se retrouve au centre des armes de l'État.
Le crocodile des armes royales est l'emblème de la dynastie régnante. Derrière l'écu figurent des plumes d'autruche et des armes caractéristiques de l'Afrique australe. L'ensemble repose sur une représentation du mont Thaba Bosiu, où se trouve la sépulture du roi Moshoeshoe Ier. La devise signifie : « Paix, Pluie, Abondance ».

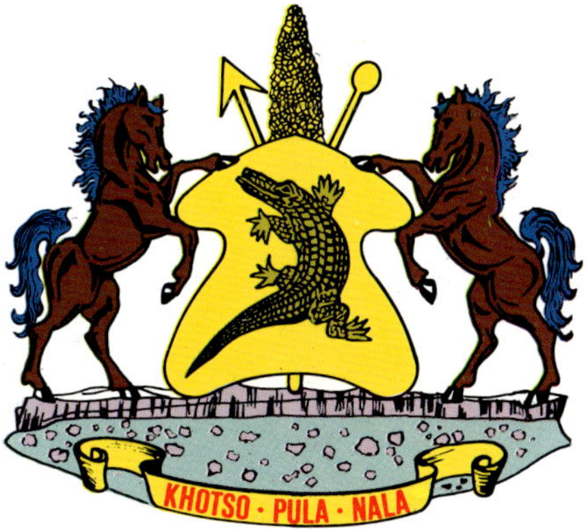

Armes royales

Drapeau de l'État et de guerre

AMÉRIQUE DU NORD

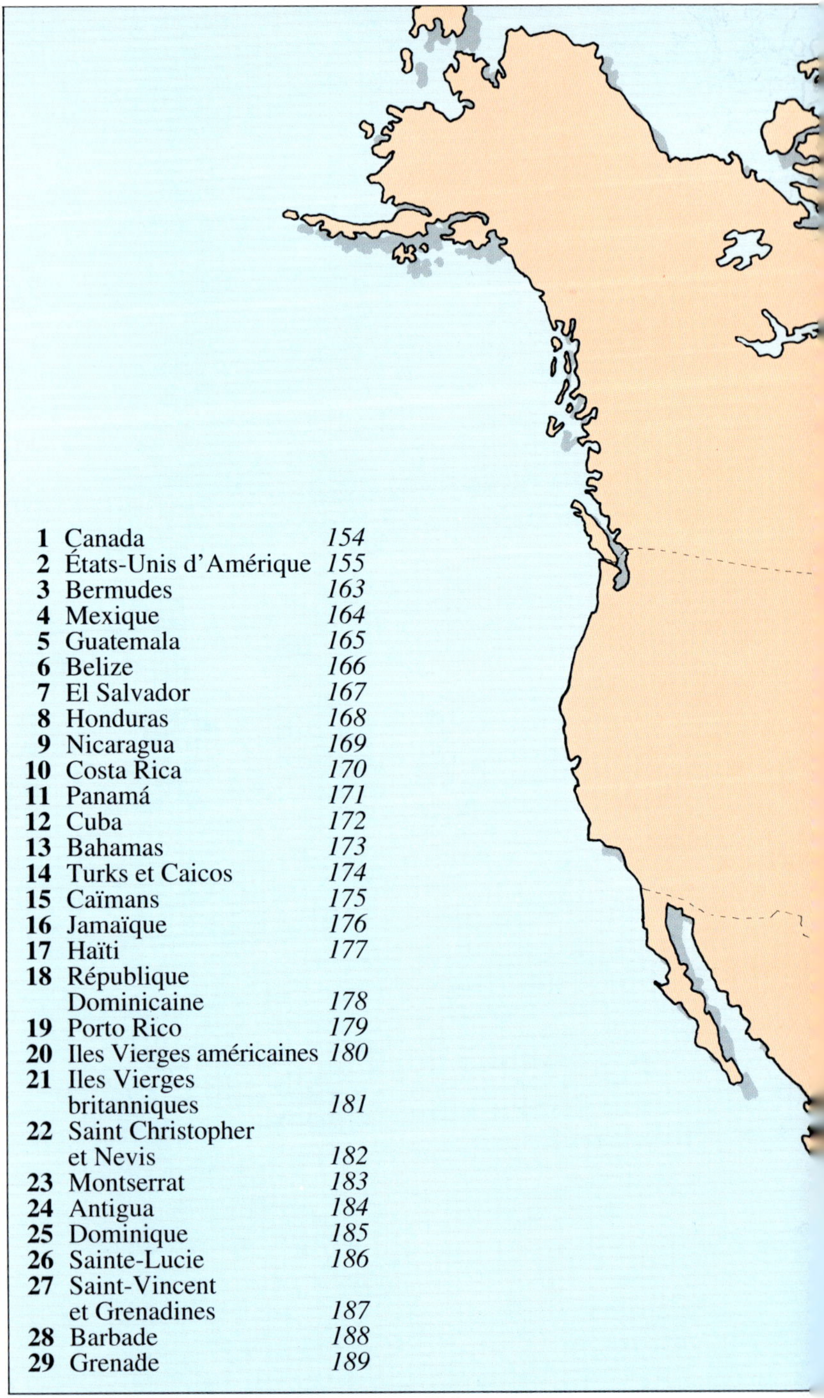

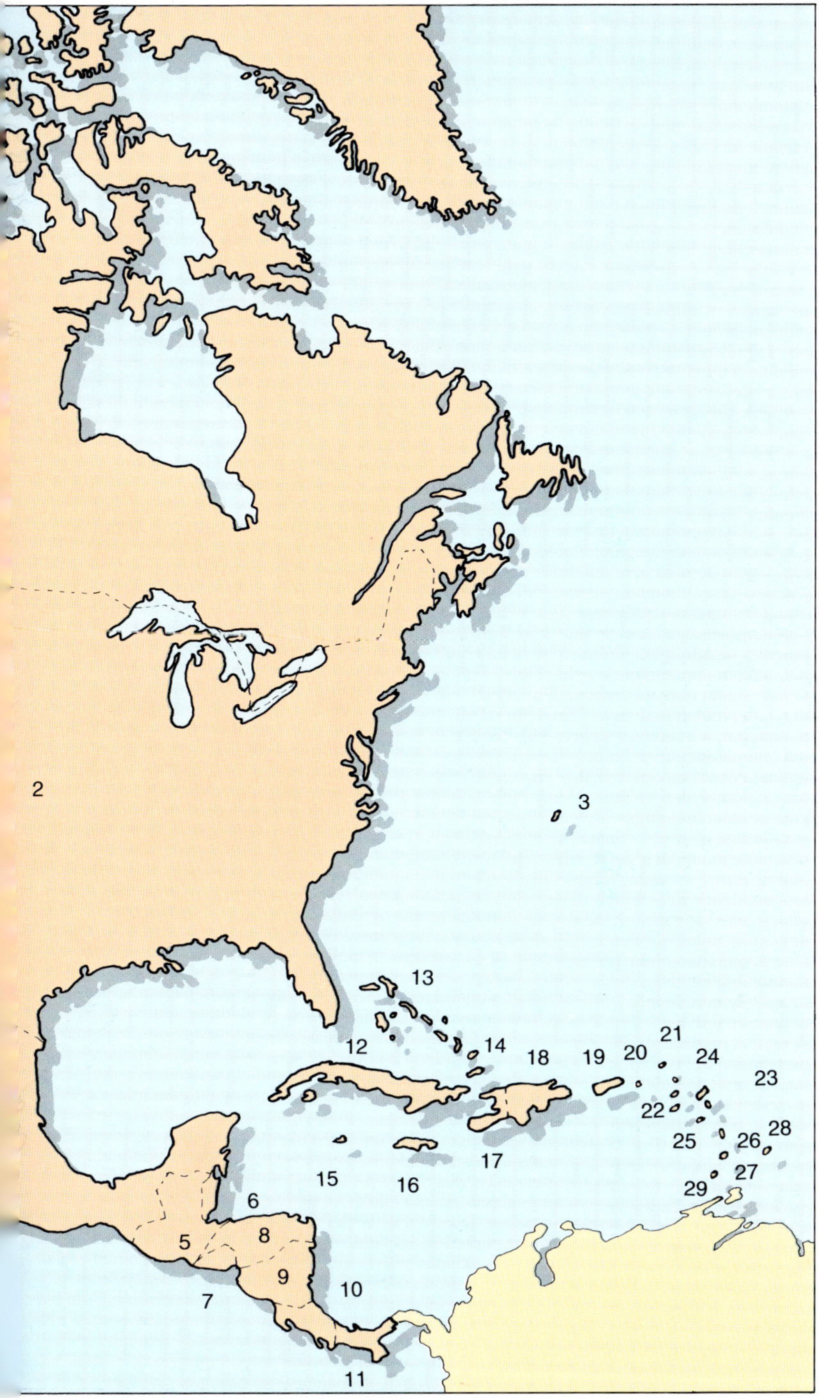
2
3
13
12
14
21
18
19
20
24
23
22
28
25
26
17
27
15
16
29
6
8
5
9
10
7
11

CANADA

Le choix de leur drapeau demanda aux Canadiens de nombreuses années. La version finalement adoptée, le 15 février 1965, résulte des sélections auxquelles on procéda parmi plus de quatre mille projets. Le blanc et le rouge sont les couleurs officielles du Canada depuis 1921, de même que la feuille d'érable en est l'emblème depuis plus d'un siècle. Auparavant, c'est le pavillon de commerce britannique, dont le champ rouge du battant était frappé des armes canadiennes, qui était utilisé.

Les armes de l'État canadien reflètent la nature composite de ce pays. Sur l'écu figurent les emblèmes des principaux colonisateurs : Angleterre, Écosse, Irlande et France. Les supports sont le lion britannique soutenant l'Union Jack et la licorne écossaise soutenant le drapeau à fleurs de lis de la France. Le lion du cimier, qui tient une feuille d'érable, rappelle les morts de la Première Guerre mondiale. En bas, la devise latine signifie : « De la mer jusqu'à la mer ».

Armes de l'État

Étendard royal (Élisabeth II)

La version actuelle du drapeau américain (la vingt-huitième) a été officialisée le 4 juillet 1960, en vertu d'une résolution du Congrès (1818) stipulant que chaque nouvel État de l'Union devait être représenté par une étoile sur le champ d'azur du canton. La cinquantième étoile correspond à l'île d'Hawaii, qui fut incorporée à l'Union en 1959. Les bandes rouges et blanches, en revanche, sont fixées à treize, pour rappeler le nombre des colonies qui se soulevèrent contre la Grande-Bretagne.
Aussi surprenant que cela puisse paraître, on ne connaît pas les origines exactes du *Stars and Stripes* (« les Étoiles et les Bandes »), le drapeau fédéral des États-Unis. Il paraît toutefois probable que l'Union Jack britannique joua un rôle dans le choix de ses couleurs et sa conception générale. Le premier drapeau américain (1776) fut, en effet, le pavillon de commerce britannique, modifié par l'introduction de bandes blanches horizontales sur le champ rouge du battant. C'est en 1777 que l'Union Jack du canton fut remplacé par treize étoiles sur champ d'azur.
Les armes de l'État ont été adoptées en 1782. L'écu que supporte l'aigle à tête blanche reprend la conception du drapeau. Le champ bleu représente le Congrès, dont les pouvoirs sont symbolisés par le rameau d'olivier et les flèches. Les bandes rouges et blanches rendent

Armes de l'État

hommage aux treize premiers États de l'Union, de même que les étoiles du cimier.

ÉTATS DE L'UNION

Alaska

Washington

Montana

Dakota du Nord

Minnesota

Wisconsin

Michigan

New York

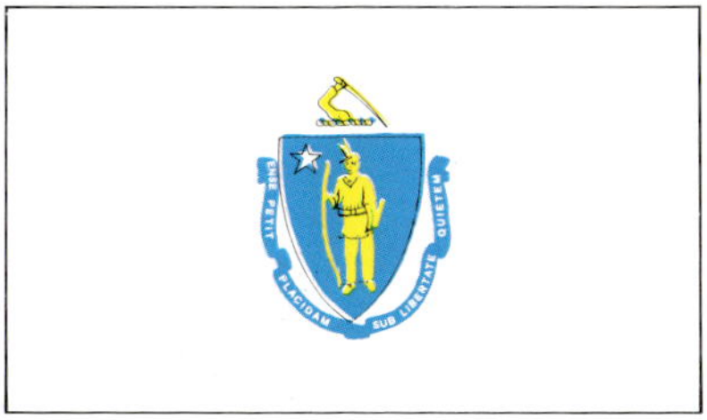

Massachusetts

New Hampshire

Vermont

Maine

Rhode Island

Connecticut

Oregon

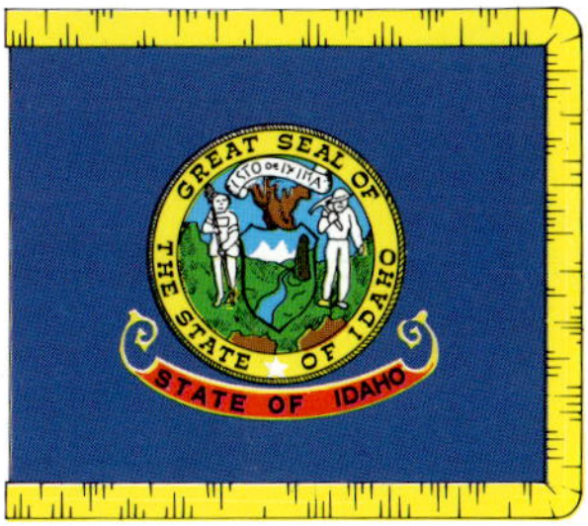

Idaho

Nebraska

Wyoming

Dakota du Sud

Iowa

Illinois

Indiana

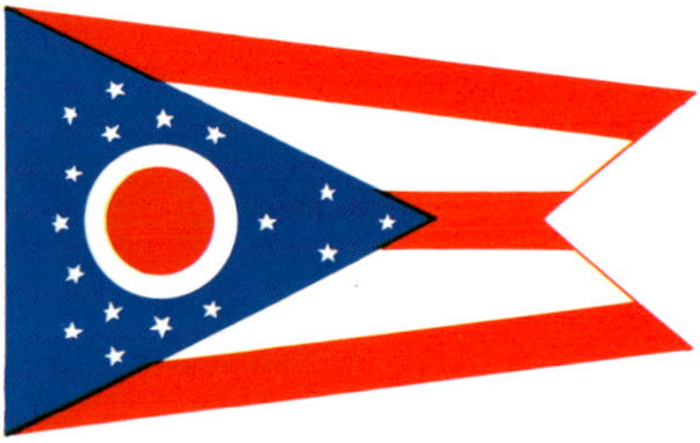

Ohio

Pennsylvanie

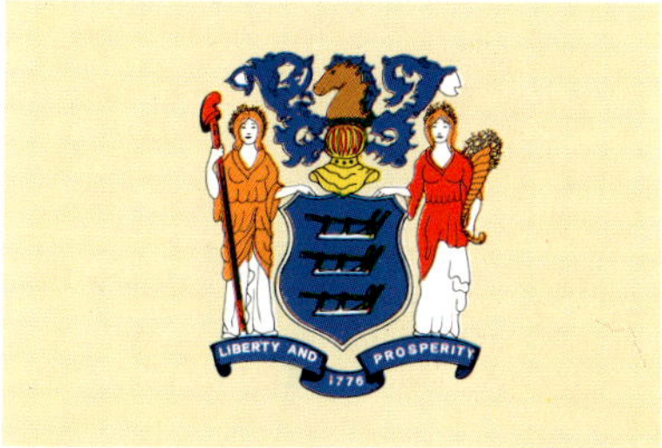

New Jersey

Delaware

Maryland

Californie

Nevada

Utah

Colorado

Kansas

Missouri

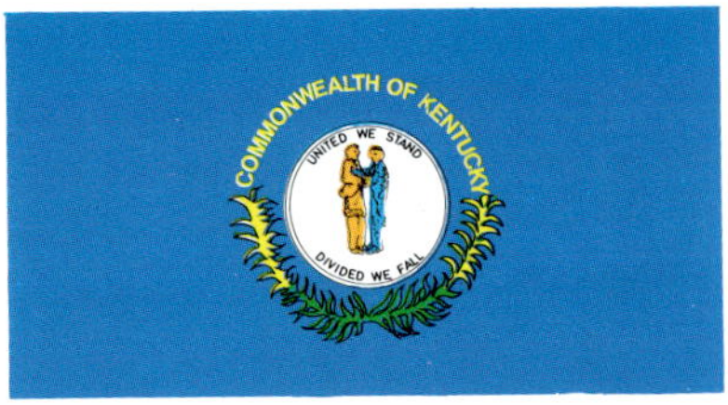

Kentucky

District of Columbia

Virginie

Virginie-Occidentale

Arizona

Oklahoma

Nouveau-Mexique

Arkansas

Mississippi

Alabama

Géorgie

Caroline du Sud

Tennessee

Texas

Caroline du Nord

Louisiane

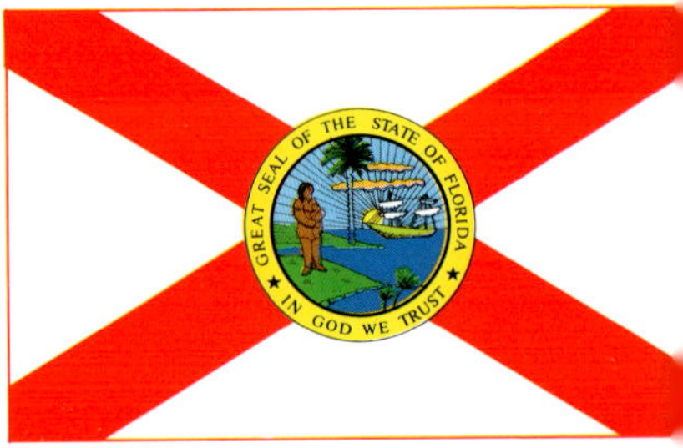

Floride

Hawaii

Formées d'environ trois cents îles et îlots coralliens situés dans l'Atlantique, à l'est des États-Unis, les Bermudes constituent une colonie de la Grande-Bretagne bénéficiant d'un statut d'autonomie interne.
L'archipel fut découvert, au début du XVIe siècle, par l'Espagnol Juan Bermudez, d'où son nom. Totalement inhabitées à l'origine, ces îles furent colonisées par les naufragés anglais du *Sea Venture,* qui les baptisèrent « îles Somers », en hommage à l'amiral George Somers.
Le lion figurant sur les armes de l'État soutient un écu sur lequel est évoqué le sort du *Sea Venture,* qui sombra en 1609 devant l'une des îles, après avoir heurté un récif.
De toutes les colonies britanniques, l'archipel des Bermudes est la seule qui choisit pour drapeau le pavillon rouge de commerce, et non le pavillon colonial bleu. L'originalité de ce choix est sans doute due au fait que les premiers colonisateurs atteignirent ces îles à bord de navires marchands arborant ce pavillon rouge.

Armes de l'État

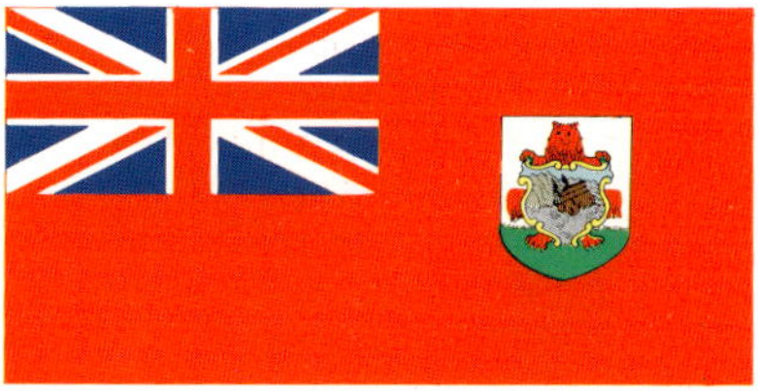

Drapeau de l'État et de la marine marchande

MEXIQUE

Devenu indépendant en 1821, le Mexique adopta, peu de temps après, un drapeau tricolore vert-blanc-rouge s'inspirant de celui utilisé pendant la guerre d'indépendance contre l'Espagne sous le nom des « Trois Garanties ».
Le blanc, le vert et le rouge symbolisent respectivement la religion, l'indépendance et l'unité des États mexicains (les « trois garanties »).
La disposition actuelle des couleurs date de 1823, mais les proportions précises du drapeau, notamment celles des armes, n'ont été fixées qu'en 1968, à l'occasion des jeux Olympiques de Mexico.
Les armes de l'État font référence à la fondation légendaire de Tenochtitlán (aujourd'hui la ville de Mexico). Selon les récits traditionnels, les Aztèques n'avaient pu bâtir cette cité qu'après avoir trouvé un lac entourant une île sur laquelle poussait un cactus; et, sur cette plante, pour leur indiquer qu'il s'agissait bien de l'endroit choisi, se serait posé un aigle tenant un serpent dans son bec.

Armes de l'État

Officiellement adopté en 1968, le drapeau guatémaltèque tire son origine, comme ceux du Salvador, du Honduras, du Nicaragua et du Costa Rica, de celui de l'ancienne Fédération de l'Amérique centrale, qui s'était constituée en 1821, après l'effondrement de la domination coloniale espagnole.

Les couleurs et leur disposition évoquent la position géographique du Guatemala, baigné à l'est par la mer des Antilles et à l'ouest par l'océan Pacifique. Le choix d'un tel drapeau exprime l'espoir que l'union des États qui formèrent la Fédération dissoute puisse un jour se reconstituer.

L'oiseau qui figure sur les armes de l'État est le quetzal *(Pharomacrus mocinno),* symbole traditionnel de liberté, et la date inscrite sur le parchemin – 15 septembre 1821 – celle du jour où fut proclamée l'indépendance du pays.

La présence des fusils et des sabres signifie que le peuple guatémaltèque est prêt à défendre sa liberté par tous les moyens, y compris par les armes.

Armes de l'État

Drapeau de l'État, de guerre et de la marine de guerre

Devenue indépendante en septembre 1981, cette ancienne colonie britannique (alors appelée Honduras britannique) se situe entre le Mexique et le Guatemala, dans la partie méridionale de la presqu'île du Yucatán.
Sur les anciennes armes, l'Union Jack et un voilier étaient entourés de divers instruments de menuiserie, car la production de bois, notamment celle de l'acajou, est la principale ressource économique du pays. Le drapeau s'inspire du pavillon colonial bleu de la Grande-Bretagne, et les armes actuelles de l'Etat, créées en 1907, d'un sceau du XIXe siècle.

Armes de l'État

Ce drapeau à trois bandes bleu-blanc-bleu fut initialement adopté par le Salvador en 1821, en même temps que les quatre autres États (Costa Rica, Guatemala, Honduras et Nicaragua) qui constituèrent, après leur indépendance de l'Espagne, la Fédération de l'Amérique centrale. Il demeura en usage jusqu'en 1865, où il fut provisoirement remplacé par un drapeau analogue à celui des États-Unis.
Le drapeau originel bleu-blanc-bleu a été rétabli par le Salvador en 1912, pour exprimer l'espoir que l'ancienne fédération dissoute pourrait un jour se reformer. Ses trois bandes représentent la position de l'Amérique centrale entre la mer des Caraïbes et le Pacifique.
Le triangle maçonnique des armes de l'État est un symbole d'égalité. On y voit un arc-en-ciel et un bonnet phrygien qui représentent la liberté, et cinq sommets volcaniques évoquant les cinq États de l'ancienne Fédération de l'Amérique centrale. La date est celle de la proclamation d'indépendance.

Armes de l'État

Drapeau de l'État, de guerre et de la marine de guerre

Drapeau de commerce

HONDURAS

Après s'être affranchi, en 1821, de la domination coloniale espagnole, le Honduras se joignit au Salvador, au Costa Rica, au Nicaragua et au Guatemala pour constituer la Fédération de l'Amérique centrale. Et, depuis cette époque, il a conservé le drapeau (officiellement adopté en 1949) de cette fédération, même après que celle-ci eut été dissoute, entre 1838 et 1839.
Les deux bandes bleues symbolisent la mer des Caraïbes et l'océan Pacifique. Quant aux cinq étoiles qui figurent sur la bande blanche depuis 1866, elles évoquent les cinq États de l'ancienne fédération et expriment l'espoir qu'elle pourra un jour se reformer.
Dans les armes de l'État, le triangle maçonnique symbolise l'égalité et la justice, et les deux tours l'indépendance et la souveraineté. Le carquois du haut fait référence à la population indigène, et les deux cornes d'abondance qui encadrent l'écu représentent les richesses naturelles du Honduras. En bas, des arbres, des installations minières et divers outils évoquent les ressources forestières et minérales du pays.

Armes de l'État

Pavillon de la marine de guerre

Après avoir obtenu son indépendance de l'Espagne, en 1821, le Nicaragua s'associa aux quatre autres nations (El Salvador, Costa Rica, Guatemala et Honduras) qui constituèrent alors la Fédération de l'Amérique centrale. Son drapeau – dont la version actuelle a été officiellement fixée en 1971 – est pratiquement le même que celui utilisé par cette fédération de 1823 à 1839, l'année de sa dissolution. Les deux bandes bleues séparées par une bande blanche évoquent la situation géographique du Nicaragua, baigné d'un côté par la mer des Caraïbes et de l'autre par le Pacifique.
Les armes de l'État, officiellement adoptées en 1908, s'inspirent elles-mêmes de celles de l'ancienne fédération. Le triangle est symbole de justice, d'égalité et de vérité. L'arc-en-ciel et le bonnet phrygien représentent respectivement l'espérance et la liberté. Les cinq volcans qui se dressent entre deux mers rappellent le nombre des États qui faisaient partie de la fédération.

Armes de l'État

Drapeau national

COSTA RICA

Après s'être affranchi, en 1821, de la domination coloniale espagnole, le Costa Rica fit partie de la Fédération de l'Amérique centrale, dont il se sépara en 1838.

Le drapeau, qui fut modifié le 21 octobre 1964, est pour l'essentiel celui de la fédération, dont le bleu et le blanc évoquent le souvenir ; le rouge, en revanche, fut ajouté en 1848, pour manifester le soutien du pays à la révolution qui eut lieu cette année-là en France.

Dans les armes de l'État, l'inscription du haut rappelle l'ancienne appartenance à la Fédération de l'Amérique centrale et exprime en même temps l'espoir que le Costa Rica puisse un jour adhérer de nouveau à une vaste communauté supranationale. Les étoiles représentent les sept provinces du pays, et les trois montagnes les volcans Barba, Irazun et Poas. Les deux étendues d'eau sont l'océan Atlantique et l'océan Pacifique, qui baignent les côtes du pays. Au fond, le soleil levant symbolise le début d'une ère nouvelle.

Armes de l'État

Pavillon de la marine marchande

Après s'être séparé de la Colombie, le Panamá proclama son indépendance en 1903. Le drapeau qui fut officiellement adopté le 3 novembre de cette même année a été conçu par le fils du premier président de la République, Manuel Amador Guerrero. Les deux principaux mouvements politiques du pays, le parti libéral et le parti conservateur, sont représentés respectivement par le rouge et par le bleu, le blanc soulignant la concorde régnant entre ces deux partis. L'étoile bleue symbolise la loyauté, et l'étoile rouge l'autorité de l'État qui découle de l'application de la loi.

Dans les quartiers de l'écu sont symbolisés la guerre civile, qui ensanglanta le passé du pays (le fusil et le sabre), le travail (les outils), la prospérité (la corne d'abondance) et le progrès (la roue ailée). Au centre est évoquée la situation géographique du Panamá, baigné par la mer des Antilles et par le Pacifique. Les neuf étoiles correspondent aux neuf provinces.

Armes de l'État

CUBA

Adopté officiellement en 1902, le drapeau cubain fut conçu par Miguel Teurbe Tolón, à la demande du général Narciso López, responsable d'une des premières tentatives de soulèvement contre la domination coloniale espagnole.
Les bandes bleues et blanches représentent respectivement les trois provinces d'origine de l'île et la pureté de la révolution. Le triangle rouge symbolise la liberté, l'égalité, la fraternité, et le sang versé pour la conquête et la défense de la liberté. L'unique étoile à cinq branches figure l'indépendance du pays.
Dans les armes de l'État, la position géographique de Cuba est clairement indiquée en haut de l'écu : une île, clé du golfe du Mexique, située sur le tropique du Cancer (le Soleil), entre la Floride et la presqu'île du Yucatán. Derrière l'écu, le faisceau et le bonnet phrygien sont respectivement symbole d'autorité et de liberté. Les autres éléments de ces armes sont un palmier, qui représente la fertilité de la terre, les couleurs nationales, une branche de chêne et une branche de laurier.

Armes de l'État

Étendard du président

Les caractéristiques naturelles des Antilles sont les principaux thèmes d'inspiration du drapeau des Bahamas, qui fut officiellement adopté en 1973, l'année de son indépendance. Le bleu turquoise et le jaune représentent la couleur de la mer et celle des plages. Quant au triangle noir, c'est un symbole d'unité. Les pavillons navals et la devise en anglais témoignent de l'imprégnation britannique et de l'adhésion du pays au Commonwealth.

Armes de l'État

Drapeau de guerre et de la marine de guerre

Drapeau de commerce

Pavillon naval de l'État

TURKS ET CAICOS

Découvertes en 1512, les îles Turks furent occupées, dans la seconde moitié du XVIIe siècle, par des colons venus des Bermudes. Revendiquées ensuite par la Jamaïque, elles lui furent annexées en 1804, malgré l'opposition de leur population. C'est après bien des années de lutte qu'elles parvinrent à obtenir un statut d'autonomie administrative. Les Caicos (ou îles Caïques), après avoir été occupées, puis abandonnées, par des Américains fidèles à la Grande-Bretagne, furent réunies aux îles Turks en 1848.

Le cimier des armes de cette colonie britannique est formé d'un pélican entouré de plants de sisal. Supporté par deux flamants, l'écu présente trois éléments caractéristiques de la faune et de la flore locales : un coquillage, une langouste et un cactus.

Le drapeau est le pavillon colonial britannique, au battant d'azur frappé de l'écu de l'archipel.

Armes de l'État

Pavillon naval de l'État

Découvertes en 1503 par Christophe Colomb, qui les appela *Las Tortugas* en raison du grand nombre de tortues qu'il y trouva, les îles Caïmans furent colonisées par les Anglais dans la seconde moitié du XVIIe siècle. Dépendantes de la Jamaïque jusqu'en 1962, après avoir connu une brève période d'indépendance, elles constituent aujourd'hui une colonie britannique bénéficiant d'un statut d'autonomie interne.
Le cimier des armes se compose d'une tortue et d'un ananas. Sur l'écu figurent le lion anglais et trois étoiles superposées au symbole héraldique de l'eau. Ces étoiles représentent les trois îles de l'archipel : Grand Caïman, Petit Caïman et Caïman Brac.
Le drapeau, comme dans le cas des autres territoires britanniques d'outre-mer, est le pavillon colonial bleu, frappé des armes de l'archipel.

Armes de l'État

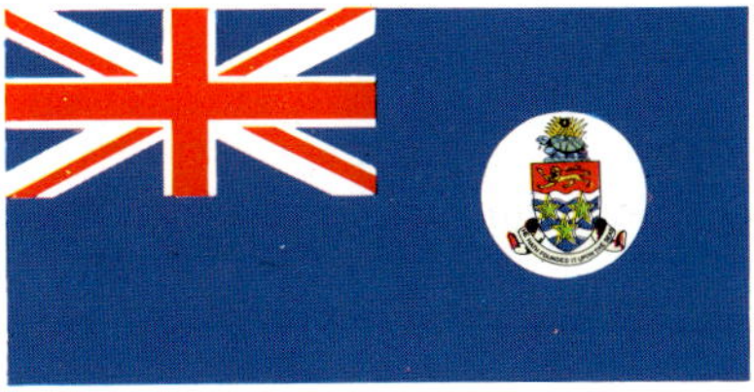

Pavillon naval de l'État

JAMAÏQUE

Ancienne colonie britannique, la Jamaïque est un État indépendant, membre du Commonwealth, depuis 1962. Le drapeau, adopté cette année-là, se compose d'une croix de Saint-André jaune qui délimite deux triangles verts et deux triangles noirs. Le vert représente l'agriculture et l'espoir d'un avenir meilleur; le jaune symbolise la splendeur du Soleil et les ressources naturelles; le noir est là pour rappeler les difficultés du passé et les obstacles qui freinent encore le développement du pays. Les armes de l'État sont identiques, à quelques légères modifications près, à celles attribuées à la Jamaïque en 1661. Sur l'écu, que supporte un couple d'Indiens arawaks, figurent des ananas, qui constituent, avec d'autres fruits tropicaux, l'une des principales ressources traditionnelles de l'île.

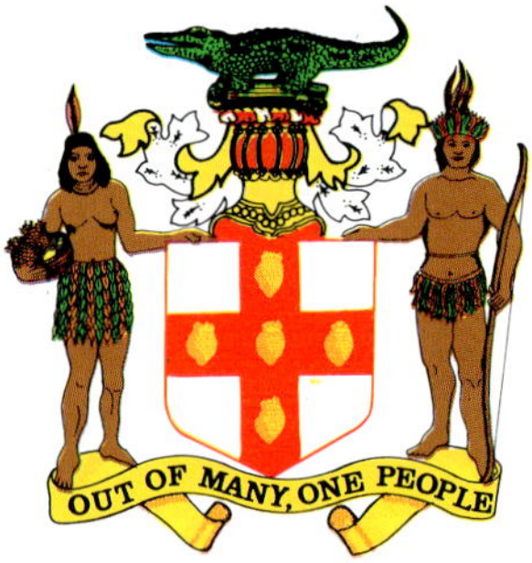

Armes de l'État

Étendard royal (Élisabeth II)

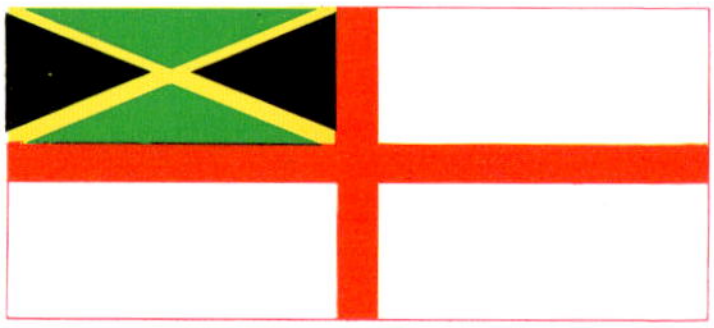

Pavillon de la marine de guerre

Située dans la partie occidentale de l'île dont elle porte le nom, la République d'Haïti est indépendante depuis 1804. Son premier drapeau – inspiré par celui de la France – se composait d'une bande bleue et d'une bande rouge disposées verticalement. Ces couleurs représentaient les deux principales composantes de la population : les Noirs et les mulâtres. Le bleu fut ensuite remplacé, pendant quelques années, par la couleur noire. On en revint au bleu et au rouge en 1806, les deux bandes étant, cette fois, disposées horizontalement. C'est la version qui est toujours en vigueur aujourd'hui, après un intermède, de 1964 à 1986, où le drapeau fut noir et rouge à bandes verticales.

Le palmier qui figure au centre des armes (composées en 1807 par le président Alexandre Pétion) est un symbole de liberté. La cohésion des diverses composantes de la population pour la conquête et la défense de la liberté a inspiré la devise : « L'union fait la force ».

Armes de l'État

RÉPUBLIQUE DOMINICAINE

Occupant la partie orientale de l'île d'Haïti (qu'on appelle aussi Saint-Domingue), la République Dominicaine se libéra de la domination coloniale espagnole en 1821, mais demeura unie à Haïti jusqu'en 1844. Le drapeau qui fut adopté cette année-là a été conçu par Juan Pablo Duarte, fondateur d'une société secrète, la Trinitaire, dont le rôle fut déterminant dans la scission avec Haïti et la proclamation de la république.
Le bleu et le rouge – également présents sur le drapeau haïtien – représentent respectivement la liberté et les sacrifices endurés pour la conquête de l'indépendance ; la croix blanche symbolise la foi religieuse des Dominicains.
Encadré par une branche de laurier et une branche de palmier, l'écu des armes de l'État reprend, avec les couleurs nationales, le thème de la foi religieuse symbolisée par une croix et une bible ouverte. En haut, la devise en espagnol signifie : « Dieu, Patrie, Liberté ».

Armes de l'État

Drapeau de l'État, de guerre et de la marine de guerre

L'île de Porto Rico, qui fait partie des Grandes Antilles, fut découverte le 19 novembre 1493 par Christophe Colomb. Alors peuplée d'Indiens venus de Floride et d'Amérique du Sud, elle fut l'un des premiers établissements espagnols dans le Nouveau Monde. L'importance de sa position stratégique lui valut d'être convoitée et attaquée tour à tour par les Français, les Anglais (1595 et 1598) et les Hollandais (1625). Demeurée fidèle à l'Espagne au cours du XIXe siècle, l'île accueillit alors un grand nombre d'immigrants venus des anciennes colonies espagnoles d'Amérique du Sud. En 1898, après la guerre hispano-américaine, et conformément aux clauses du traité de Paris, elle fut cédée aux États-Unis, qui en firent un État libre associé, bénéficiant d'une large autonomie interne. Et, depuis 1917, les Portoricains ont officiellement la nationalité américaine, avec tous les droits et les devoirs que ce statut leur confère.

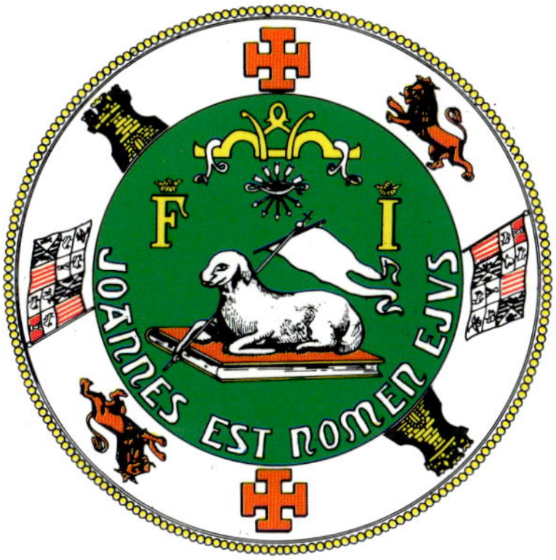

Armes de l'État

ÎLES VIERGES AMÉRICAINES

Découvert en 1493 par Christophe Colomb, l'archipel des îles Vierges fut partiellement colonisé, au XVIIe siècle, par les Danois, qui s'établirent dans les îles Saint Thomas, Saint John et Sainte-Croix. A l'exception de deux courtes périodes d'occupation anglaise (en 1801 et 1802, et de 1807 à 1815), ces trois îles demeurèrent des possessions du Danemark jusqu'en 1917. Cette année-là, en effet, elles furent achetées pour 25 millions de dollars par les États-Unis (qui avaient déjà fait des propositions dans ce sens au cours de la guerre de Sécession), en raison de leur position stratégique à proximité du canal de Panamá.

Les îles Vierges américaines bénéficient de leur autonomie administrative, sous la responsabilité du gouverneur et d'un Sénat de quinze membres élus. Depuis 1932, leurs habitants ont officiellement la nationalité américaine.

Le drapeau se compose d'un champ blanc frappé de l'aigle américain encadré des initiales V et I.

Armes de l'État

ÎLES VIERGES BRITANNIQUES

La colonie britannique de cet archipel se compose de trente-six îles situées dans la mer des Caraïbes, au nord de Porto Rico. Découvertes par Christophe Colomb en 1493, ces îles furent conquises par les Espagnols dans la seconde moitié du XVIe siècle. Colonisées par les Hollandais vers 1650, elles furent ensuite occupées par les Anglais en 1666. Annexées aux possessions britanniques des îles Sous-le-Vent (1672), elles obtinrent, en 1773, leur propre constitution. Après la dissolution de la colonie des îles Sous-le-Vent (1956), les îles Vierges refusèrent de s'associer à la Fédération des Indes-Occidentales et devinrent alors une colonie directement rattachée à la Couronne britannique.

Les armes de l'État évoquent la parabole évangélique des vierges sages, ce que confirme la devise latine *Vigilate* (« Avec vigilance »). Ces armes figurent également sur le batttant bleu du drapeau naval et colonial britannique, qui est celui de l'archipel.

Armes de l'État

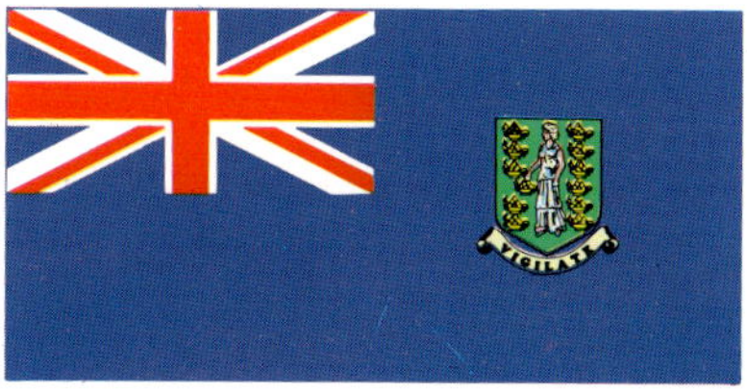

Pavillon naval de l'État

SAINT CHRISTOPHER ET NEVIS

Colonisé par les Anglais en 1623, l'archipel que forment les îles Saint Christopher (ou Saint Kitts) et Nevis devint un État indépendant le 19 octobre 1983.
Les îles de Saint Christopher, Nevis et Anguilla constituèrent, en 1967, un État associé à la Grande-Bretagne. Bénéficiant d'une totale autonomie interne, celui-ci ne dépendait de son pays de tutelle que pour la défense et les affaires étrangères. Mais, bientôt, les habitants d'Anguilla contestèrent l'autorité de ce gouvernement unitaire dont le siège était à Saint Kitts. Toutes les tentatives de médiation ayant échoué, la Grande-Bretagne envoya, en mars 1969, un contingent militaire, chargé de régler le conflit et de gérer les affaires courantes. Après un projet de loi (1971) prévoyant une autonomie administrative pour Anguilla, on en arriva finalement, en 1976, à une nouvelle constitution qui faisait de cette île une dépendance coloniale juridiquement séparée de Saint Christopher et de Nevis.
Les couleurs du drapeau qui fut adopté au moment de l'indépendance symbolisent la fertilité de la terre (vert), les rayons du soleil (jaune), la lutte pour l'indépendance (rouge) et l'origine africaine de la majorité de la population (noir). Les deux étoiles blanches représentent l'espérance et la liberté.

Armes de l'État

Faisant partie des îles Sous-le-Vent, dans la mer des Caraïbes, Montserrat est une colonie britannique qui refusa de devenir l'un des États associés au Royaume-Uni.
L'île, découverte en 1493 par Christophe Colomb, fut colonisée par les Irlandais durant la seconde moitié du XVIIe siècle.
Sur les armes de cette île, la jeune femme en robe verte qui tient une harpe et s'appuie à une croix est une référence évidente à l'Irlande et à sa foi religieuse.
Comme pour la plupart des possessions d'outre-mer de la Grande-Bretagne, le drapeau est le pavillon naval et colonial britannique, au battant d'azur frappé des armes de la colonie.

Armes de l'État

Pavillon naval de l'État

ANTIGUA

Découverte en 1493 par Christophe Colomb, l'île d'Antigua fut colonisée au XVIIe siècle par les Anglais, qui s'y consacrèrent principalement à la culture du tabac et de la canne à sucre.
État associé à la Grande-Bretagne à partir de 1967, Antigua obtint finalement son indépendance le 1er novembre 1981. Outre l'île qui lui donne son nom, l'archipel d'Antigua comprend également les îles Barbuda et Redonda.
Le drapeau date de 1967. Le rouge et le bleu symbolisent la force et l'espérance. Le noir rappelle les origines africaines de la majeure partie de la population. Quant à l'association du jaune, du bleu et du blanc, elle évoque les principaux atouts naturels de ces îles. Le soleil levant symbolise l'aube d'une nouvelle ère de liberté.
Le cimier des armes de l'État se compose d'un ananas et de fleurs d'indigo. Deux cerfs dressés en supports présentent une tige d'agave et une tige de canne à sucre. L'importance de cette dernière plante dans l'économie locale est également évoquée par l'ancienne sucrerie (la tour) figurant sur l'écu.

Armes de l'État

Le drapeau de la Dominique a été hissé pour la première fois le 3 novembre 1978, le jour où fut proclamée l'indépendance du pays. Le vert foncé évoque la végétation luxuriante qui couvre l'île. La croix symbolise le christianisme, et le nombre de ses couleurs la Trinité. Le jaune représente la population originelle des Indiens caraïbes, le noir la population d'origine africaine, largement majoritaire, et le blanc l'abondance de l'eau dans l'île. Au centre, un disque rouge, qui symbolise le socialisme, comprend dix étoiles, dont le nombre correspond à celui des circonscriptions administratives (paroisses) du pays. Ces étoiles entourent un perroquet, oiseau emblématique de la Dominique.

Armes de l'État

SAINTE-LUCIE

Située dans le groupe des îles Sous-le-Vent (Petites Antilles), Sainte-Lucie devint un État associé au Royaume-Uni en 1967 et obtint sa pleine indépendance en 1979.
L'île fut découverte par Christophe Colomb en 1502, le jour de la sainte Lucie. Les premières tentatives de colonisation, durant la première moitié du XVIIe siècle, se heurtèrent à une violente opposition de la part des indigènes. Par la suite, la France et la Grande-Bretagne ne cessèrent de se disputer cette île, en raison de l'importance stratégique qu'on lui attribuait. Ce conflit s'acheva en 1814, quand le traité de Paris fit de Sainte-Lucie une possession britannique.
Le drapeau fut adopté en 1967. L'île elle-même y est représentée par le triangle central entouré du bleu de la mer. Le noir évoque son origine volcanique, et le jaune le sable de ses plages.
Dans les armes de l'État, des tiges de bambou partagent l'écu en quartiers, sur lesquels figurent des lis de France et des roses d'Angleterre.

Armes de l'État

SAINT-VINCENT ET GRENADINES

Le 27 octobre 1979 fut proclamée l'indépendance de Saint-Vincent et d'un certain nombre d'autres îles voisines, qui font partie de l'archipel des Grenadines, dans les Petites Antilles. C'est à cette occasion que fut hissé pour la première fois un nouveau drapeau frappé en son centre des armes attribuées à Saint-Vincent en 1912. Celles-ci représentent deux femmes en costume antique, symbolisant la paix et la justice, ce qu'évoque également la devise du bas. Le cimier se compose d'un plant de coton, élément important de l'économie locale. Les armes de l'État figurent au centre du drapeau, où elles sont entourées d'une feuille d'arbre à pain.

Le drapeau de Saint-Vincent et Grenadines évoque, par les couleurs de ses trois bandes principales, la végétation luxuriante de l'archipel (vert), la lumière du soleil (jaune) et le bleu de la mer et du ciel. En 1991, les armes de l'État ont été remplacées par trois losanges verts au centre de la bande jaune.

Armes de l'État

BARBADE

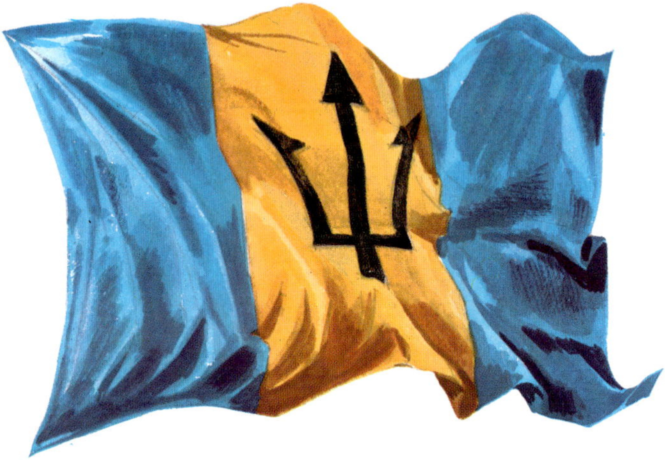

Élaboré par Grantley W. Prescod et officiellement adopté en 1966, à l'occasion de l'indépendance, le drapeau de la Barbade évoque le caractère insulaire de cet État des Antilles : le bleu et l'orange représentent la mer, le ciel et les plages. L'extrémité du trident, qui figurait en entier sur les armes coloniales de l'île, symbolise la rupture des liens de sujétion avec la Grande-Bretagne.

Sur l'écu des armes de l'État sont représentés le *Ficus barbata*, qui a donné son nom à l'île, et deux orchidées, typiques de la flore locale. Le cimier est un bras qui tient deux cannes à sucre. Les supports sont un dauphin et un pélican.

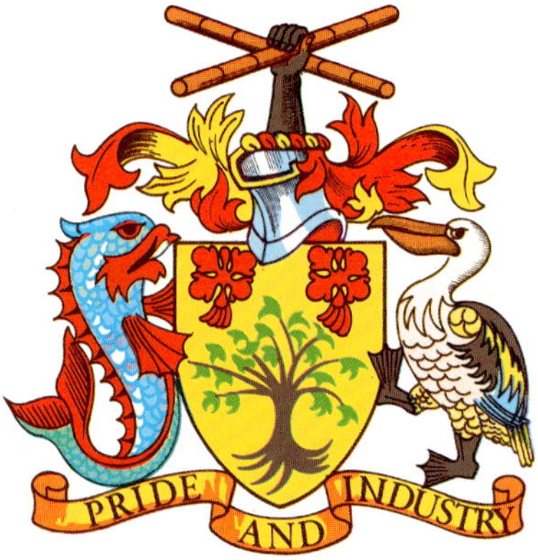

Armes de l'État

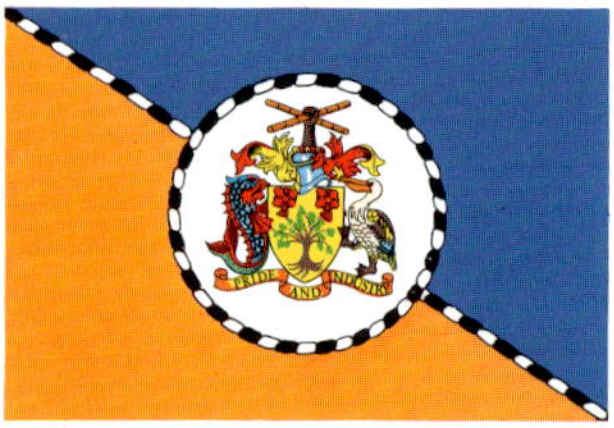

Drapeau du Premier ministre

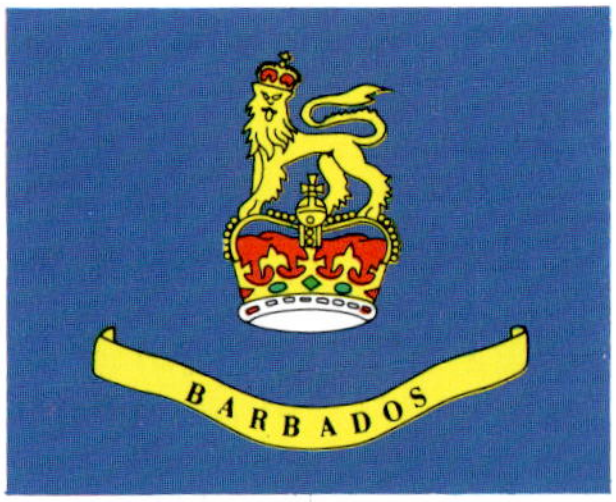

Drapeau du gouverneur général

Petite île de l'archipel des îles Sous-le-Vent, dans la mer des Caraïbes, Grenade est, depuis le 7 février 1974, un État indépendant, qui fait partie du Commonwealth. Officiellement adopté le jour de la proclamation de l'indépendance nationale, le drapeau de Grenade est d'une conception totalement inédite. La noix muscade figurant sur le triangle vert proche de la hampe témoigne du rôle important que joue cette espèce végétale dans l'économie du pays. Le rouge, le jaune et le vert symbolisent respectivement le courage, le Soleil et l'agriculture.
Le navire au centre de l'écu évoque la découverte de l'île par Christophe Colomb (1498). Dans les quartiers, les lions symbolisent les liens passés et actuels avec la Grande-Bretagne, et les lis la foi catholique.
Le drapeau national et celui de la marine marchande se différencient par leurs proportions, qui sont respectivement de 3/5 et de 1/2.

Armes de l'État

Pavillon de la marine marchande

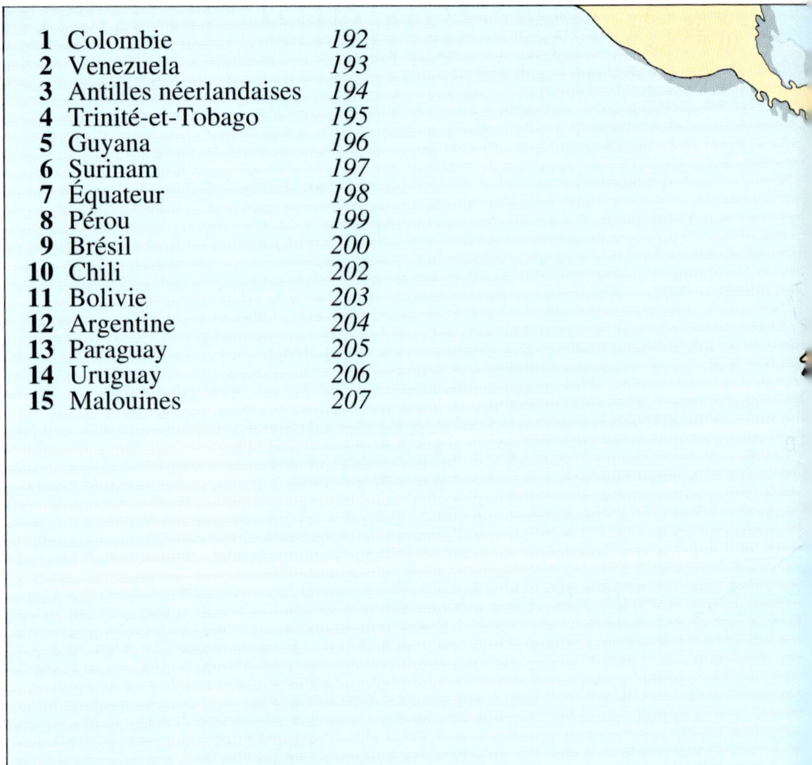

3
4
2
5
6
1
8
9
11
13
10
12
14
15

COLOMBIE

Ce drapeau tricolore, conçu par Francisco Miranda en 1806 et utilisé par Simon Bolivar, fut adopté par la Confédération de Grande-Colombie, dont faisaient partie, outre la Colombie elle-même, l'Équateur et le Venezuela. La Confédération, qui, dans l'esprit de Bolivar, devait servir de prélude à la constitution, en Amérique du Sud, d'un système fédéral, se dissocia en 1830. Mais la Colombie, l'Équateur et le Venezuela n'en conservèrent pas moins le drapeau fédéral, dont la version colombienne fut officiellement adoptée en 1861. Les couleurs représentent l'Amérique (le jaune), séparée de l'Espagne (le rouge) par l'océan Atlantique (le bleu).

La grenade figurant en haut de l'écu rappelle que la Colombie s'est appelée Nouvelle-Grenade jusqu'en 1861. Les cornes d'abondance évoquent la prospérité, et le bonnet phrygien la liberté.

Dans le bas de l'écu est représenté l'isthme de Panamá, qui faisait partie de la Colombie jusqu'en 1903. Le condor portant une couronne de laurier symbolise l'indépendance.

Armes de l'État

Étendard du président

L'actuel drapeau vénézuélien ne fut officiellement adopté qu'en 1930, mais sa conception remonte à 1806. On y retrouve les trois couleurs qui furent celles de la Confédération de la Grande-Colombie, dont le Venezuela faisait partie, avec l'Équateur et la Colombie.
Les étoiles, ajoutées en 1817, rappellent les sept provinces d'origine de ce pays. Les cornes d'abondance symbolisent la prospérité. La gerbe de blé évoque l'unité et la fertilité, les armes les victoires militaires, et le cheval indompté représente la liberté.

Armes de l'État

Drapeau de l'État, de guerre et de la marine de guerre

Étendard du président

ANTILLES NÉERLANDAISES

L'ensemble des colonies que possèdent les Pays-Bas dans les Antilles se compose de six îles de la mer des Caraïbes, dont trois sont situées au large des côtes du Venezuela (Curaçao, Aruba, Bonaire) et les trois autres dans les îles du Vent, au nord-ouest de la Guadeloupe (Saba, Saint-Eustache et une partie de Saint-Martin, dont l'autre partie est française). Depuis 1954, ces territoires bénéficient d'un statut d'autonomie.

Le drapeau officiel des Antilles néerlandaises a été adopté en 1959. Le blanc, le rouge et le bleu correspondent aux couleurs du drapeau des Pays-Bas. Les six étoiles, également présentes dans les armes de l'État, représentent les îles qui composent cet ensemble.

Armes de l'État

Anciennes possessions britanniques, ces deux îles situées au large des côtes du Venezuela sont devenues une république indépendante, membre du Commonwealth, en 1962. Cette même année fut adopté un drapeau dont les couleurs symbolisent la générosité du peuple et la lumière du soleil (le rouge), l'égalité et la mer (le blanc), la ténacité et la volonté de maintenir l'unité (le noir). La roue de gouvernail du cimier souligne l'importance des activités maritimes pour cet État insulaire. Sur l'écu figurent deux colibris et les trois caravelles de Christophe Colomb, qui découvrit la Trinité en 1498. Les supports sont un ibis rouge pour Trinité et un couroucou pour Tobago.

Armes de l'État

Pavillon de la marine de guerre

GUYANA

Conçu par Whitney Smith, directeur du Flag Research Center de Winchester, aux États-Unis, ce drapeau a été officiellement adopté par le Guyana en 1966. Le vert représente l'agriculture et les forêts, le blanc l'abondance de l'eau, et le jaune les richesses minières. Le total engagement du peuple dans la construction de la nation et la ténacité nécessaire pour y parvenir sont symbolisés par le triangle rouge et sa bordure noire.

Les proportions de ce drapeau sont de 3/5 sur terre et de 1/2 en mer. Le cimier des armes se compose d'une coiffe de cacique et de deux diamants. La faune et la flore locales sont représentées par un faisan et un nénuphar de l'espèce *Victoria regia*. Les jaguars qui supportent l'écu s'appuient sur une pioche et une canne à sucre.

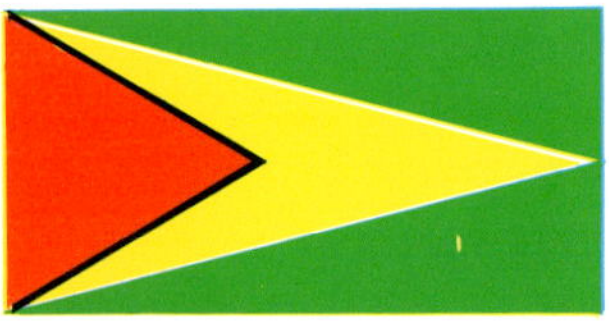

Pavillon de la marine marchande

Armes de l'État

Étendard du président

Le territoire de ce pays, situé sur le littoral nord-est de l'Amérique du Sud, a été longtemps un objet de conflit entre la Grande-Bretagne et les Pays-Bas. Il demeura finalement sous la domination coloniale de ces derniers, jusqu'à son indépendance, qui fut proclamée le 25 novembre 1975. Ses armes remontent au XVIIe siècle. On y voit un voilier et un palmier, symbolisant respectivement le commerce maritime et l'agriculture. Au centre, la forme d'un diamant évoque l'importance des activités minières. Sur le drapeau national, l'étoile représente l'unité des races et des cultures qui coexistent au Surinam. Le vert évoque les prairies et les forêts du pays, ainsi que la foi en l'avenir. Le rouge symbolise l'amour et le progrès, le blanc la justice et la liberté. Quant au jaune de l'étoile, on l'interprète traditionnellement comme une exhortation à l'altruisme et à l'abnégation dont le peuple doit faire preuve dans sa marche vers le progrès.

Armes de l'État

ÉQUATEUR

Les couleurs équatoriennes sont les mêmes que celles de la Colombie et du Venezuela. Choisies au début du XIXe siècle par les colonies espagnoles en lutte pour leur indépendance, elles furent ensuite adoptées par la Confédération de Grande-Colombie, à laquelle s'associa l'Équateur.

Le jaune évoque le soleil et les richesses naturelles, le bleu la mer et le ciel, le rouge le sang versé pour la défense de la patrie.

Dans l'écu des armes de l'État, les signes zodiacaux correspondent aux mois de mars, avril, mai et juin de 1845, année où l'Équateur dut reprendre les armes pour défendre sa liberté. On y voit aussi le mont Chimborazo, point culminant du pays, et un navire qui représente les activités commerciales. Le condor symbolise l'indépendance, et le faisceau les institutions républicaines.

Sur le drapeau arboré au siège de chaque administration locale, la bande bleue centrale est frappée de dix-neuf étoiles en cercle, qui représentent les provinces du pays.

Armes de l'État

Drapeau de l'État, de guerre et de la marine de guerre

Les couleurs du drapeau péruvien auraient été choisies par le général José de San Martín qui, au cours de la guerre contre l'Espagne (1820), se serait exclamé, en voyant s'envoler une bande de flamants à dos blanc et ailes rouges : « Voici l'étendard de la liberté ! » Ce drapeau, dont il y eut diverses versions, fut officiellement adopté en 1825.
Sur les armes de l'État figurent un lama, un quinquina et une corne d'abondance, qui évoquent la faune, la flore et les ressources naturelles du pays.

Armes de l'État

Drapeau de l'État, des marines de guerre et marchande

Étendard du président

BRÉSIL

Le vert et le jaune ont été utilisés dès le début du XIXe siècle, pour symboliser respectivement l'immense forêt brésilienne et les richesses minières du pays.

En 1889, après l'instauration de la république, les armes impériales furent remplacées par une sphère céleste – sans doute inspirée par la sphère armillaire du drapeau portugais –, sur laquelle figurent des constellations de l'hémisphère austral. Le nombre d'étoiles correspond à celui des États fédérés du Brésil. Chaque fois qu'un territoire est élevé au rang d'État, une étoile est ajoutée. La version actuelle (vingt-deux étoiles) date de 1971. En bas des armes nationales, la date est celle de la proclamation de la république. La grande étoile symbolise l'indépendance et l'unité. Dans le cercle extérieur de l'écu, les étoiles sont celles des États fédérés du Brésil, et celles qui figurent dans le cercle central représentent la constellation de la Croix du Sud. L'ensemble est entouré de feuilles de tabac et de caféier, produits caractéristiques du pays.

Armes de l'État

Étendard du président

PRINCIPAUX ÉTATS DU BRÉSIL

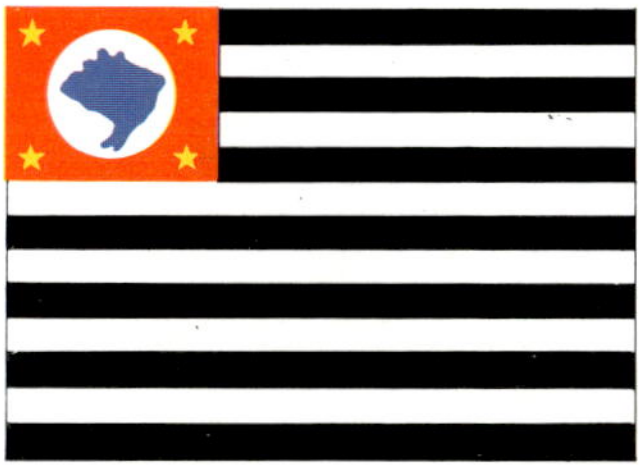

São Paulo

Rio de Janeiro

Amazonas

Mato Grosso

Paraná

Mato Grosso do Sul

Bahia

Minas Gerais

CHILI

Adopté depuis 1817, le drapeau du Chili a été conçu par l'Américain Charles Wood, qui servait comme volontaire dans l'armée chilienne.
Ce drapeau s'inspire manifestement de celui des États-Unis, bien qu'il s'agisse de couleurs déjà utilisées dans le pays avant l'arrivée des Espagnols. La signification de ces couleurs donne lieu à diverses interprétations. Toutefois, on considère en général que le blanc représente la neige des sommets andins, le bleu le ciel, et le rouge tous ceux qui ont donné leur vie pour la défense de la patrie. L'étoile symbolise le progrès et l'esprit civique.
Les armes, conçues par José Ignacio Zenteno et adoptées en 1834, reprennent les éléments du drapeau. Les supports sont un huemal (un cervidé des Andes) et un condor, les trois plumes du cimier évoquant un autre animal du pays : le nandou, équivalent américain de l'autruche. La devise : « Par la raison ou par la force » date de la guerre d'indépendance.

Armes de l'État

Étendard du président

Officiellement adopté en 1888, le drapeau actuel est la version définitive de celui qui était utilisé depuis la proclamation de l'indépendance, en 1825. Le rouge, le jaune et le vert symbolisent respectivement la vaillance guerrière du peuple, les richesses du sous-sol et les produits de l'agriculture.

Sur les armes de l'État, les neuf étoiles correspondent au nombre des départements du pays. Les ressources agricoles sont évoquées par une gerbe de blé et un palmier, et celles du sous-sol par une montagne qui représente la région de Potosí, célèbre pour ses mines d'argent. Le bonnet phrygien est un symbole traditionnel de liberté. Le condor et l'alpaga sont des animaux caractéristiques du pays.

L'espoir des Boliviens de pouvoir retrouver un jour un accès à la mer s'exprime par la présence d'un pavillon de la marine de guerre, uniquement utilisé, depuis 1893, sur les eaux intérieures.

Armes de l'État

Drapeau de l'État et de guerre

Pavillon de la marine de guerre

ARGENTINE

Adopté en 1816, le drapeau argentin fut conçu, quelques années auparavant, par le général Manuel Belgrano, d'après la cocarde blanc et bleu qu'arboraient les opposants au régime colonial espagnol. Le « soleil de mai » figurant en haut des armes de l'État et sur certains drapeaux officiels est le symbole d'une nouvelle ère de liberté, car il rappelle le 25 mai 1810, date du déclenchement de la guerre de libération nationale qui devait aboutir à l'indépendance du pays. Le bonnet phrygien est un symbole traditionnel de liberté en Amérique latine. Les mains qui se rejoignent évoquent l'unité et la solidarité.

Armes de l'État

Drapeau de l'État, de guerre et de la marine de guerre

Étendard du président

Adopté en 1842, le drapeau actuel du Paraguay est une version à peine modifiée de celui qui était déjà utilisé depuis 1812. Il présente la particularité insolite d'être frappé, au recto, des armes de l'État et, au verso, du sceau du Trésor.
Sur les armes de l'État, l'étoile – « étoile de mai » – rappelle la date de l'indépendance, proclamée le 11 mai 1811. Sur le sceau du Trésor, le lion qui monte la garde devant un bonnet phrygien symbolise la défense de la liberté.
Sur l'étendard du président, les armes de l'État figurent sans l'inscription « République du Paraguay ».

Armes de l'État

Étendard du président

Sceau du Trésor

Drapeau national (verso)

URUGUAY

Adopté en 1830, le drapeau uruguayen rappelle, par ses couleurs et son symbole solaire, que ce pays fut associé à l'Argentine jusqu'en 1828. Les neuf bandes bleues et blanches correspondent au nombre de départements qui constituèrent originellement l'Uruguay. Le Soleil est le symbole de l'indépendance. La version actuelle des armes de l'État remonte à 1908. La balance, la colline du Cerro (qui domine Montevideo), le cheval et le bœuf représentent respectivement la justice, la force, la liberté et la prospérité. L'écu ovale est entouré d'un rameau d'olivier et d'un rameau de laurier. Le pavillon de beaupré, qui date de 1811, fut le premier drapeau de l'Uruguay.

Armes de l'État

Étendard du président

Pavillon de beaupré

Situé à environ 700 kilomètres au nord-est du cap Horn, l'archipel des Malouines (ou des Falklands) est une colonie britannique à laquelle se rattachent également les îles de la Géorgie du Sud et les îles Sandwich du Sud.
Découvertes en 1592 par le navigateur anglais John Davis, ces îles furent colonisées au XVIIIe siècle par des Français de Saint-Malo (d'où leur nom), puis par des Anglais. Occupées par la suite par les Espagnols, elles furent annexées un peu plus tard par l'Argentine indépendante, avant d'être investies de nouveau par les Anglais, en 1833.
Sur l'écu des armes de la colonie figurent la caravelle de John Davis et un mouton. Ce dernier représente l'élevage des ovins, principale ressource économique de l'archipel.
Le drapeau est le pavillon naval britannique, au battant d'azur frappé des armes de la colonie.

Armes de l'État

Pavillon naval de l'État

3
2
1
6
5
17

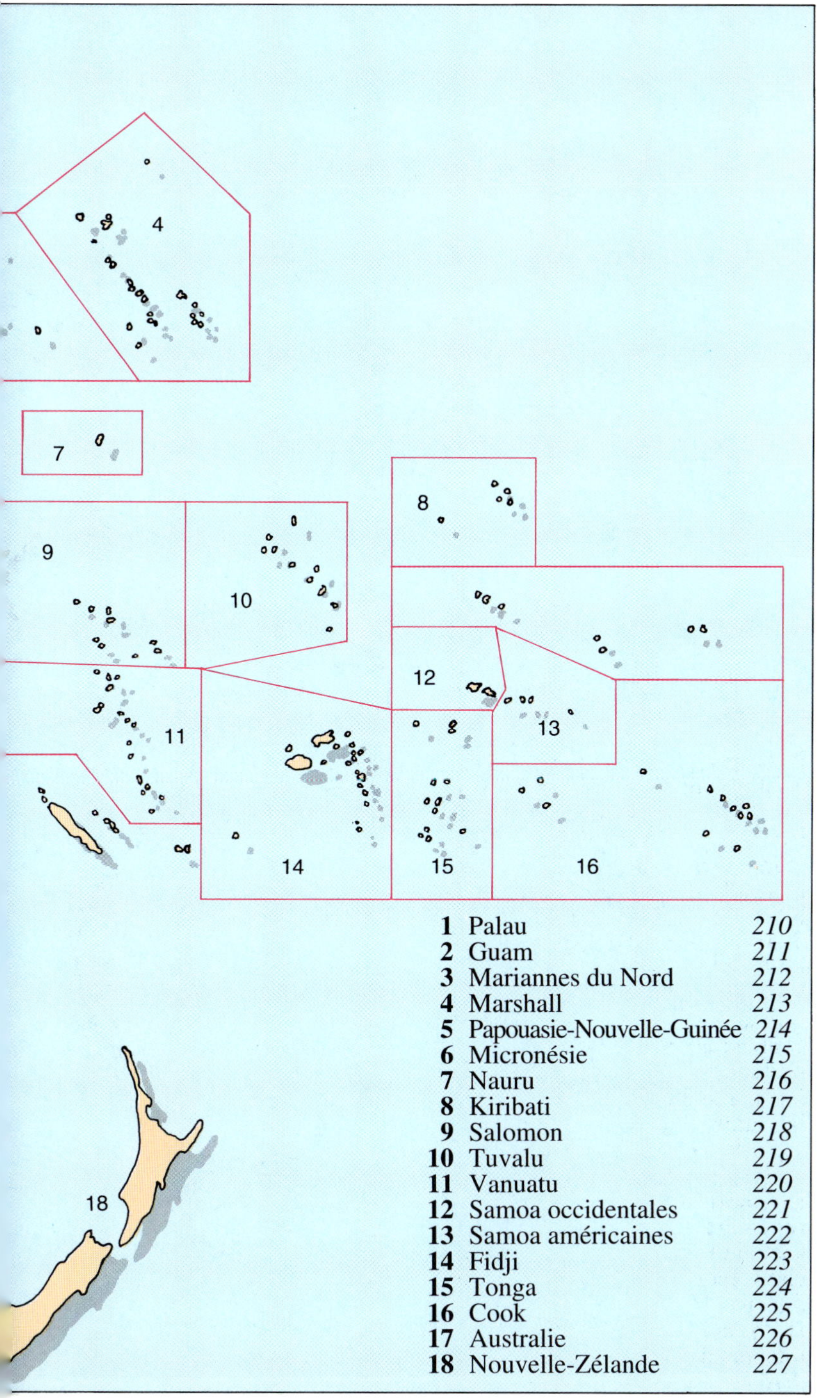
4
7
8
9
10
11
12
13
14
15
16
18

PALAU

Le 1er janvier 1981 fut proclamée l'indépendance de la République de Palau (ou Belau). Colonisées par les Espagnols jusqu'à la fin du XIXe siècle, ces îles ont ensuite été achetées par l'Allemagne, puis placées sous le mandat du Japon (1919-1945), avant d'être administrées par les États-Unis, dans le cadre des Trust Territories du Pacifique, avec un régime de semi-indépendance.

Le drapeau de la nouvelle république est d'une conception très simple : un disque jaune d'or légèrement décalé vers la hampe, sur un champ bleu ciel. Sur le drapeau japonais, dont le dessin est identique, mais avec des couleurs différentes, le disque rouge représente le Soleil ; sur celui de Palau, en revanche, le disque jaune représente la Lune. L'explication de ce choix est à rechercher dans les traditions de la population locale. Dans cet archipel, en effet, le moment de la pleine lune est considéré comme le plus favorable à un certain nombre d'activités importantes : la pêche, la taille des arbres, la construction des pirogues, les semailles et les récoltes. La Lune est en outre considérée comme un symbole de tranquillité, de paix et d'amour. Quant au champ bleu, il représente le passage de la domination étrangère à l'indépendance.

Située dans l'archipel des Mariannes (en Micronésie), dont elle est la plus grande île, Guam fut découverte en 1521 par Magellan, qui eut sans doute des difficultés avec ses habitants, car il l'appela « île des Voleurs ». Elle fut colonisée, à partir de 1565, par les Espagnols, qui la conservèrent jusqu'en 1898, où ils durent alors la céder aux États-Unis à la suite de la guerre hispano-américaine. Occupée par le Japon en 1941, elle fut reconquise par les Américains en 1944.

L'importance stratégique de cette dépendance des États-Unis est soulignée par la présence d'une importante base aéronavale dotée d'installations de carénage et d'assistance aux bâtiments de l'US Navy. Les habitants de Guam bénéficient d'une certaine autonomie administrative, et peuvent élire leur gouverneur et les membres de la Chambre.

Le drapeau, sur lequel figurent les armes de l'île, peut être officiellement arboré seul, sans la présence de celui des États-Unis.

Sceau de l'État

MARIANNES DU NORD

Les îles Mariannes ont été colonisées au XVIe siècle par les Espagnols, qui les conservèrent jusqu'à la fin de la guerre hispano-américaine (1898), où ils durent alors céder Guam aux États-Unis, le reste de l'archipel étant acheté par l'Allemagne. Occupées par les Japonais à partir de 1914, elles furent conquises par les Américains à la fin de la Seconde Guerre mondiale. En 1947, l'ONU en confia officiellement l'administration aux États-Unis, dans le cadre des Trust Territories (Territoires sous tutelle) du Pacifique. Mais, la population ayant manifesté son opposition au maintien d'un seul gouvernement pour l'ensemble des archipels micronésiens, la plus grande partie des Mariannes devint, en 1976, un État associé aux États-Unis, sous la dénomination de « Commonwealth des Mariannes du Nord ».

Le bleu du drapeau représente l'océan Pacifique, et l'étoile blanche le Commonwealth des Mariannes. Derrière cette étoile se profile la silhouette grise d'un pilier de pierre, référence aux anciennes traditions culturelles de ces îles. On a retrouvé un grand nombre de piliers de ce type, qui, à l'époque précoloniale, servaient à soutenir la case des chefs, dont ils étaient l'apanage exclusif.

Le Commonwealth des Mariannes du Nord n'a pas d'autre emblème distinctif que son drapeau.

Découvert en 1526 par les Espagnols et visité au siècle suivant par les Anglais (qui lui donnèrent son nom), l'archipel des îles Marshall fut annexé par les Allemands en 1885. Administré ensuite par les Japonais à partir de 1920, il fut conquis par les Américains à la fin de la Seconde Guerre mondiale. Après la partition des Trust Territories du Pacifique sous tutelle des États-Unis, l'ensemble des îles de la Micronésie orientale fut constitué en un État semi-indépendant, associé aux États-Unis pour sa défense.

Le 1er mai 1979, pour célébrer son instauration, le nouveau gouvernement des îles Marshall adopta un drapeau national qui fut spécialement conçu pour la circonstance par Emlain Kabula, l'épouse du président.

L'étoile qui figure au-dessus des deux bandes diagonales évoque la position géographique de ces îles, situées légèrement au nord de l'équateur. Ses vingt-quatre branches correspondent au nombre des circonscriptions administratives de l'archipel, les quatre plus longues évoquant la foi chrétienne de la population. Le blanc symbolise la clarté, l'orange l'abondance, et le champ bleu du drapeau l'océan Pacifique.

L'étoile est un élément caractéristique du drapeau de nombreux États et territoires du Pacifique, de même que le bleu et le blanc.

PAPOUASIE-NOUVELLE-GUINÉE

Indépendant depuis le 16 novembre 1975, dans le cadre du Commonwealth, ce nouvel État est constitué, comme son nom l'indique, par la réunion de la Nouvelle-Guinée – ancienne possession allemande dont l'administration avait été confiée à l'Australie par la Société des Nations en 1921, ce qui fut confirmé ensuite par les Nations unies – et du Territoire des Papous (Papouasie), protectorat australien depuis 1906. Déjà réunis sur le plan administratif en 1949, les deux territoires ont obtenu leur autonomie interne en 1973.

Sur le drapeau officiellement adopté en 1971 sont représentés un paradisier, qui est un oiseau typique de cette partie du monde, et la constellation de la Croix du Sud. La présence de cette dernière a évidemment été inspirée par le drapeau de l'Australie, qui flotta sur le pays pendant de nombreuses années. Cette constellation est d'ailleurs un élément que l'on retrouve sur le drapeau de plusieurs États de l'hémisphère austral.

Armes de l'État

Les innombrables îles et petits atolls de l'océan Pacifique peuvent se répartir, selon les origines ethniques de leur population, en trois groupes principaux : Micronésie, Mélanésie et Polynésie. Dans le cas de la Micronésie, cet immense archipel océanien bénéficia, en outre, d'une certaine unité politique lorsque les Nations unies en confièrent l'administration aux États-Unis, après la fin de la Seconde Guerre mondiale. Cette décision fut inspirée par l'espoir que toutes ces îles pourraient constituer un jour un seul État indépendant.

Par la suite, toutefois, certains groupes d'îles décidèrent de former des États séparés, ce qui réduisit d'autant la zone d'influence de ce gouvernement central que l'on appelait les United States Trust Territories (Territoires sous tutelle des États-Unis) du Pacifique. En 1979, il fallut donc procéder à la mise en place d'un nouveau gouvernement, et les territoires dont celui-ci conserva l'administration furent rebaptisés États fédérés de Micronésie. Le drapeau de cette fédération, qui avait été adopté en 1978 par un gouvernement provisoire, est analogue à celui des anciens Trust Territories, à cette différence près qu'il comporte seulement quatre étoiles au lieu de six. Ces étoiles représentent les quatre États membres : Truk, Yap, Ponape et Kosrae.

Le champ de ce drapeau est le bleu clair, qui évoque l'océan Pacifique. Sans doute est-ce le drapeau des États-Unis qui donna l'idée d'utiliser des étoiles pour représenter le nombre des États fédérés. Quant au bleu clair, il a plutôt été inspiré par le drapeau des Nations unies, d'une couleur très proche. Notons que, actuellement, les États fédérés de Micronésie n'ont toujours pas obtenu leur pleine indépendance.

NAURU

Minuscule atoll (21 km²) de l'océan Pacifique, Nauru devint une république indépendante en 1968, après avoir été successivement annexé par les Allemands, occupé par les Japonais, puis placé sous tutelle australienne par l'ONU.

La conception du drapeau de Nauru – un champ d'azur traversé par une bande jaune au-dessous de laquelle figure une étoile à douze branches – a été inspirée par la position géographique de cette île, située à quelques degrés au sud de l'équateur. Quant aux douze branches de l'étoile, elles représentent les douze tribus qui composent la population.

On retrouve l'étoile emblématique de l'île au cimier des armes de l'État. En haut de l'écu, entouré de branches de cocotier, figure le symbole chimique du phosphore, par référence aux exportations de phosphates – qui tirent leur origine d'importants dépôts de guano –, principales ressources économiques de l'île. La devise du bas signifie : « La volonté de Dieu d'abord ».

Armes de l'État

Kiribati est un État océanien qui se compose d'une multitude d'îles et d'atolls répartis sur une très vaste étendue du Pacifique. Le principal archipel de cet ensemble est celui des îles Gilbert, dont l'appellation locale, Ki-ri-bass, est à l'origine du nom de l'État.
L'influence des nombreuses années de protectorat britannique se ressent dans la conception du drapeau et des armes, où l'on retrouve les traditions héraldiques de la Grande-Bretagne. Les bandes ondulées blanches et bleues représentent l'océan Pacifique. Au-dessus d'un soleil levant plane une frégate, animal particulièrement représentatif de ces régions océaniennes. Quant à la devise, elle signifie : « Le bien-être, la paix et la prospérité ».
Kiribati avait d'abord été politiquement réunie aux îles Ellice, qui firent sécession en 1975, pour constituer, trois ans plus tard, l'État indépendant des îles Tuvalu. Le 12 juillet 1979, Kiribati obtint à son tour l'indépendance.

Armes de l'État

SALOMON

Après des décennies de protectorat britannique, les îles Salomon obtinrent leur indépendance le 7 juillet 1978 et adoptèrent, à cette occasion, de nouvelles armes sur lesquelles on retrouve les couleurs du drapeau national. Les symboles qui figurent sur l'écu représentent les principaux districts dont se compose l'archipel : des frégates pour le District Oriental, un aigle pour le District de Malaita, des tortues pour le District Occidental, et un bouclier, un arc et des flèches pour le District Central. L'ensemble est complété par une embarcation traditionnelle, un crocodile marin, un requin et un soleil rayonnant placé en cimier.

Le drapeau national a été accordé aux îles Salomon par la reine Élisabeth II le 18 novembre 1977, avant la proclamation officielle de l'indépendance. Le bleu, le jaune et le vert symbolisent respectivement la mer, le soleil et la terre. Les étoiles, éléments que l'on retrouve sur le drapeau de nombreuses îles du Pacifique, représentent les districts de l'archipel.

Armes de l'État

Les armes de l'État de Tuvalu ont été composées par le College of Arms de Londres, d'après une suggestion de R. P. Turner. La situation de l'archipel, au milieu de l'océan Pacifique, est évoquée par les bandes ondulées bleues et jaunes. Au-dessus de ce symbole figure la case communautaire traditionnelle *(maneapa)* des villages de Tuvalu. L'ensemble est entouré par huit feuilles de bananier et huit coquillages, qui symbolisent respectivement la fertilité de la terre et les richesses de l'océan. La devise signifie : « Tuvalu pour Dieu ».
Le nombre huit est également évoqué par le nom même de Tuvalu, qui signifie « huit îles » : sur les neuf atolls qui composent l'archipel, huit sont habités. Tous les atolls de l'archipel sont, en revanche, représentés par les neuf étoiles du drapeau national, hissé pour la première fois le jour de l'indépendance, le 1er octobre 1978. L'Union Jack figurant au canton rappelle les liens qui unissent Tuvalu à la Grande-Bretagne.

Armes de l'État

VANUATU

Indépendante depuis le 30 juillet 1980, la République de Vanuatu correspond à un ensemble d'îles qu'on appelait autrefois les Nouvelles-Hébrides. Sur les armes de l'État apparaît au premier plan une montagne, devant laquelle se dresse un guerrier mélanésien en tenue traditionnelle. Sur la banderole du bas, la devise signifie : « Avec Dieu nous demeurons ».

A l'arrière-plan figure l'emblème national, une défense de porc sauvage et deux feuilles de *namele*. La première est un symbole de richesse, tandis que les secondes évoquent le mode de vie traditionnel de la population indigène. Cet emblème apparaît également sur le drapeau, dans un triangle noir. Le Y jaune qui traverse le drapeau sur toute sa longueur rappelle de façon stylisée la disposition des îles composant l'archipel de Vanuatu. Le jaune symbolise la paix et la lumière qu'apporte le christianisme. Les autres éléments de couleur sont le rouge et le vert. Le rouge évoque le sang des porcs sacrifiés et la puissance des traditions, ainsi que le sang des hommes et l'unité de tous les habitants de l'archipel. Le vert représente l'ensemble des îles de Vanuatu.

Armes de l'État

SAMOA OCCIDENTALES

Ancienne colonie allemande placée sous mandat néo-zélandais à partir de 1920, les îles Samoa occidentales forment, depuis 1962, un État indépendant, membre du Commonwealth.

Le drapeau actuel a été adopté officiellement en 1949, après une première version sur laquelle ne figuraient que quatre étoiles. Son élément principal est la constellation de la Croix du Sud, un emblème couramment utilisé par les pays de l'hémisphère austral.

Pureté, liberté et courage sont représentés respectivement par le blanc, le bleu et le rouge.

Sur les armes de l'État, la foi chrétienne de la population est évoquée par la croix figurant au-dessus de l'écu et par la devise, qui signifie : « Puisse Dieu être l'assise des Samoa ». Les rameaux d'olivier expriment traditionnellement un message de paix. Le palmier est un rappel des armes, en usage à la période coloniale.

Armes de l'État

SAMOA AMÉRICAINES

Archipel océanien de Polynésie, les Samoa ont été découvertes en 1722 par le Hollandais J. Roggeveen, et visitées au cours de ce même siècle par Bougainville, puis par La Pérouse. Depuis 1899, la partie orientale de l'archipel est devenue officiellement une dépendance des États-Unis, qui y ont installé une base navale. Le territoire est administré par un gouverneur nommé par le gouvernement américain et assisté par un Sénat et une Chambre des représentants élus.
A la suite d'un accord entre le royaume de Samoa et les États-Unis, c'est en 1878 que les Américains commencèrent à occuper ces îles, pour faire obstacle à l'expansion allemande dans le Pacifique. Sur le drapeau de l'archipel, utilisé depuis 1960, figure l'aigle américain à tête blanche, tenant dans ses serres un sceptre et un chasse-mouches, symboles samoans du commandement et de l'autorité.

Sceau de l'État

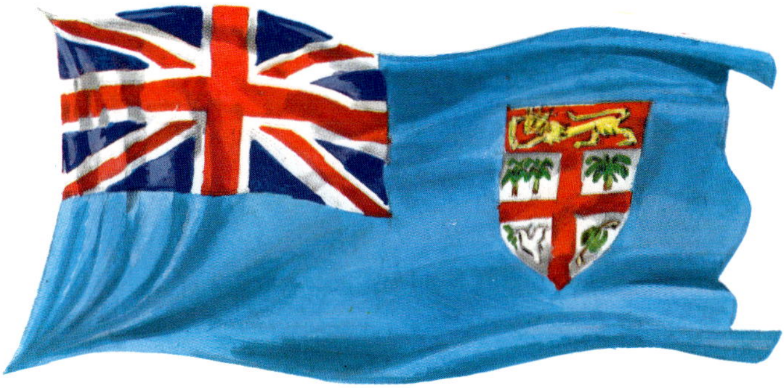

Adopté en 1970, au moment de la proclamation de l'indépendance, le drapeau des îles Fidji – qui ont quitté le Commonwealth en 1987 – rappelle la longue présence coloniale de la Grande-Bretagne dans cet archipel. Sur les armes de l'État, le lion britannique et la croix de Saint-Georges voisinent avec des guerriers fidjiens, des cannes à sucre, un cocotier, des bananes et la colombe de la paix.

Armes de l'État

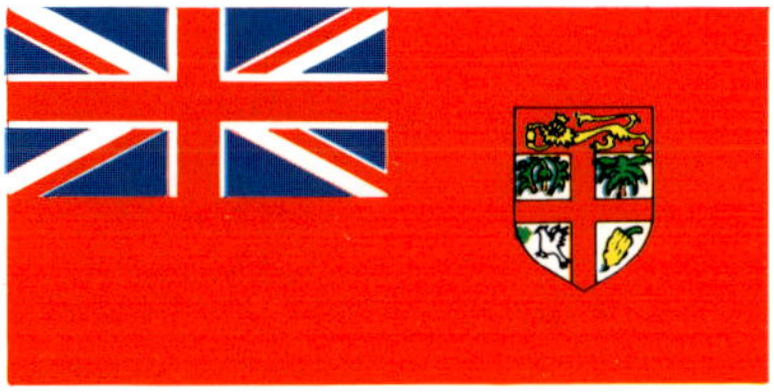

Drapeau de commerce

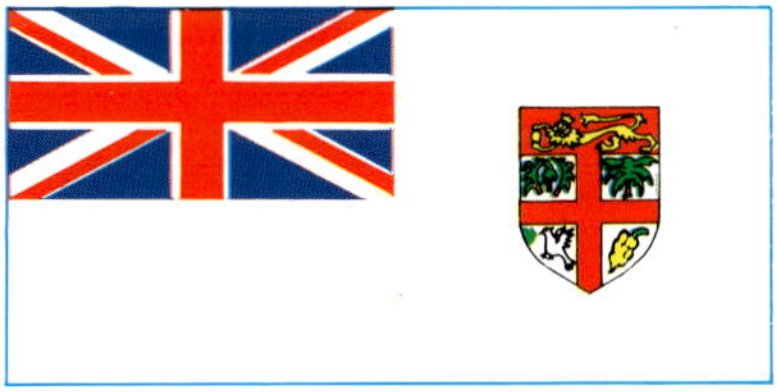

Pavillon de la marine de guerre

Pavillon naval de l'État

TONGA

Dans le Pacifique Sud, l'archipel des Tonga, qu'on appelait autrefois les îles des Amis, est devenu, en 1970, un royaume indépendant, membre du Commonwealth.
L'adhésion de la population au christianisme est clairement exprimée par la présence de la croix du drapeau et celles des armes, ainsi que par la couleur rouge, qui rappelle le sacrifice du Christ.
Sur les armes de l'État et l'étendard royal figurent d'autres symboles : une colombe de la paix, trois étoiles, qui représentent les principaux groupes d'îles de l'archipel, une couronne, qui symbolise la monarchie, et trois épées, pour rendre hommage aux trois dynasties qui ont successivement régné sur les Tonga. La devise signifie : « Dieu et Tonga sont mon héritage ».

Armes de l'État

Étendard royal

Situées dans le sud-est du Pacifique, à environ 3000 kilomètres au nord-est de la Nouvelle-Zélande, les îles Cook ont été découvertes en 1595 par le navigateur espagnol Alvaro de Mendana, puis visitées à plusieurs reprises, entre 1773 et 1777, par James Cook, qui leur donna son nom.

Devenues un protectorat britannique en 1888, elles furent ensuite annexées à la Nouvelle-Zélande, en 1901. Depuis 1965, l'archipel bénéficie d'une large autonomie interne, avec un système d'autogestion auquel sont associés des représentants des populations indigènes qui se rattachent au groupe maori, comme celles de la Nouvelle-Zélande.

En attendant d'obtenir leur pleine indépendance, les îles Cook ont adopté un drapeau dont les quinze étoiles blanches sur champ d'azur et l'Union Jack du canton représentent respectivement les îles de l'archipel et l'appartenance au Commonwealth.

AUSTRALIE

Le drapeau australien, hissé pour la première fois en 1901, présentait très peu de différences avec la version définitive de 1954.
Ce drapeau est le pavillon naval britannique, au champ d'azur frappé de six étoiles blanches. Les six branches de l'étoile qui se trouve au-dessous de l'Union Jack représentent les six États et territoires dont se compose le Commonwealth d'Australie. Les cinq autres étoiles sont celles de la Croix du Sud. Dans les armes de l'État, les supports sont un kangourou et un émeu. L'étoile à six branches du Commonwealth est placée en cimier. Dans les quartiers de l'écu figurent les emblèmes des États : la croix de Saint-Georges frappée d'un lion et de quatre étoiles pour la Nouvelle-Galles du Sud, une couronne et la Croix du Sud pour l'État de Victoria, une croix de Malte pour le Queensland, une pie-grèche pour l'Australie-Méridionale, un cygne noir pour l'Australie-Occidentale et un lion pour la Tasmanie.

Armes de l'État

Étendard royal (Élisabeth II)

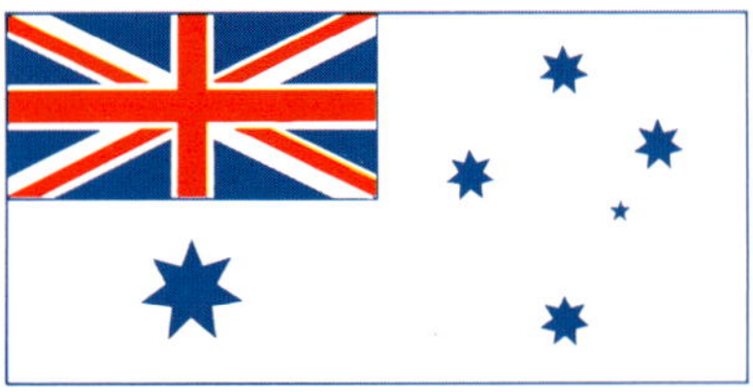

Pavillon de la marine de guerre

Indépendante depuis 1931, dans le cadre du Commonwealth, la Nouvelle-Zélande avait adopté pour drapeau, dès 1902, le pavillon naval britannique frappé de quatre étoiles représentant la constellation de la Croix du Sud. Les étoiles figurent aussi sur les armes de l'État, avec les symboles du commerce (navires), de l'agriculture (blé), de l'élevage (mouton) et de l'industrie (outils). Les supports sont une femme et un guerrier maori.

Armes de l'État

Pavillon de la marine de guerre

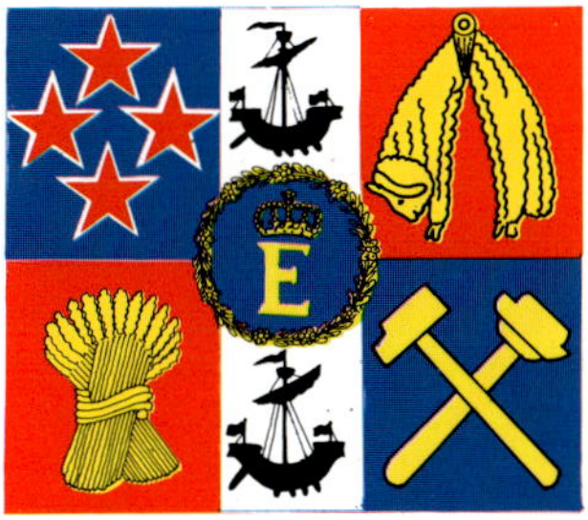

Étendard royal (Élisabeth II)

Drapeau de commerce

DRAPEAUX INTERNATIONAUX

Les drapeaux internationaux sont ceux qu'ont choisis pour emblème des organismes supranationaux ayant principalement pour vocation d'assurer la paix dans le monde et la coopération entre les peuples.

Croix-Rouge internationale
Adopté au congrès de Genève de 1863, ce drapeau a été conçu pour assurer la sécurité des missions humanitaires en temps de guerre (secours aux blessés et aux prisonniers, protection des populations civiles, etc.). Il s'agit du drapeau helvétique, dont les couleurs ont été inversées, par référence à la neutralité de la Suisse où cet organisme a été fondé.

Croissant-Rouge
Adopté à la conférence de Genève de 1929, cet emblème a la même fonction, dans les pays de l'islam, que celui de la Croix-Rouge.

Organisation des Nations unies
Adopté par l'Assemblée générale du 20 octobre 1947, ce drapeau est à champ d'azur, avec en son centre une représentation du globe terrestre entourée de rameaux d'olivier. Cet emblème est destiné à symboliser le caractère universel de l'ONU et sa mission principale : préserver la paix dans le monde.

Jeux Olympiques
Créé en 1913 sur proposition du baron Pierre de Coubertin, ce drapeau fut arboré pour la première fois à l'occasion des Jeux d'Anvers, en 1920. Les cercles de couleur représentent les cinq continents unis par l'esprit olympique.

Conseil de l'Europe
Créé en 1949 pour promouvoir l'union politique, économique et culturelle des pays membres, cet organisme adopta, en 1953, un drapeau où figuraient quinze étoiles, qui furent ramenées à douze en 1955.

Organisation du traité de l'Atlantique Nord (OTAN)
Créé en 1949, cet organisme a pour fonction principale de prévoir la défense de ses États membres. Le bleu du drapeau – adopté le 28 octobre 1953 – représente l'océan Atlantique. Le cercle et la rose des vents symbolisent l'unité et l'orientation pacifique de l'alliance.

Ligue arabe
Fondée le 22 mars 1945, la Ligue est une alliance politico-économique visant à promouvoir le développement des États arabes. Le vert est une référence à la foi islamique des pays membres. La chaîne est un symbole d'unité.

Organisation des États américains (OEA)
Fondé à Rio de Janeiro en 1947, cet organisme regroupe les États de l'Amérique du Nord, centrale et du Sud, avec pour objectif d'assurer leur sécurité réciproque et leur développement économique. Au centre de son drapeau figurent tous ceux des États membres.

Organisation des États centraméricains (ODECA)
Fondé en 1951, cet organisme regroupe le Nicaragua, le Guatemala, le Costa Rica, le Salvador et le Honduras, dans le but d'assurer l'unité de ces pays et de développer leur collaboration politique, militaire et économique. Les cinq volcans de l'emblème central représentent les signataires de l'accord.

Plan de Colombo
Ce plan, mis en place en 1950 et 1951, a pour objet un projet d'aide matérielle et d'assistance technique des nations industrialisées du Nord aux pays en voie de développement de l'Asie du Sud et du Sud-Est.
Les objectifs envisagés sont symbolisés par la roue dentée et les épis de blé qui l'entourent.

Armes (ou armoiries) Ensemble des marques symboliques distinctives d'une famille, d'une ville ou d'une nation. Les principaux éléments des armes sont : le cimier, le tortil, la couronne ou le casque (ou heaume), l'écu, les supports, le soutien.

Bannière Drapeau de forme rectangulaire suspendu dans le sens de la longueur à un montant horizontal.

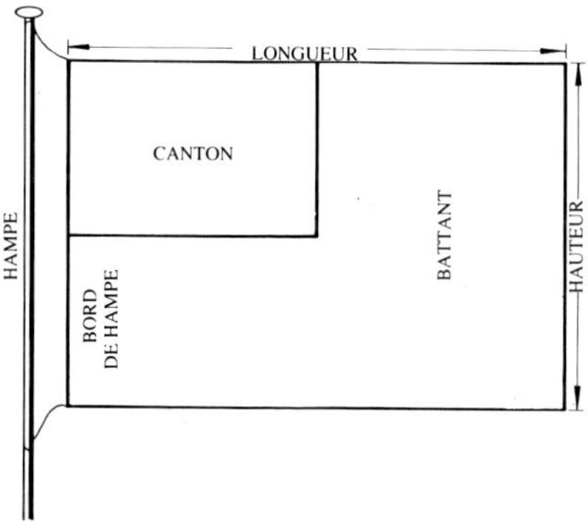

Battant Partie du drapeau la plus éloignée de la hampe ou du mât.

Canton Délimitation rectangulaire ou carrée située dans l'angle supérieur gauche d'un drapeau.

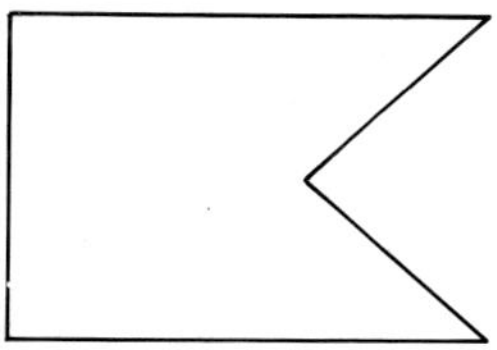

Drapeau en queue d'aronde

Champ Couleur qui sert de fond à un drapeau ou à un écu.

Chef Partie supérieure de l'écu, dont elle représente généralement le tiers de la superficie totale.

Cimier Ornement placé au-dessus du casque d'un écu.

Cocarde Ornement, généralement rond et en étoffe, présentant une disposition distinctive de couleurs. A beaucoup été utilisée comme emblème politique au moment de la Révolution et au siècle dernier.

Couleur En héraldique, ce terme ne s'emploie pas, et l'on distingue les émaux (les couleurs principales) et les métaux (le jaune et le blanc).

Couronne murale Couronne généralement utilisée dans les armes d'une ville. Elle se compose de plusieurs tours, dont le nombre dépend de l'importance de la ville.

Couronne navale Couronne généralement utilisée dans les armes d'une ville portuaire et qui se compose de plusieurs nefs.

Croix de Saint-André Croix dite « en sautoir » (en forme de X), dont l'extrémité des bras atteint les angles du drapeau.

Croix de Saint-Georges Croix rouge sur fond blanc. C'est notamment l'emblème de l'Angleterre et de Gênes.

Croix grecque Croix dont les bras sont d'égale longueur.

Croix scandinave Croix qui se caractérise par un décalage vers la hampe du bras vertical.

Drapeau de beaupré Pavillon hissé à la proue d'un navire de guerre ou, plus rarement, de commerce.

Drapeau en berne Drapeau hissé à mi-hampe ou à mi-mât, en signe de deuil.

Croix de Saint-André, dite aussi « en sautoir »

Drapeau en queue d'aronde Drapeau dont l'extrémité du battant est

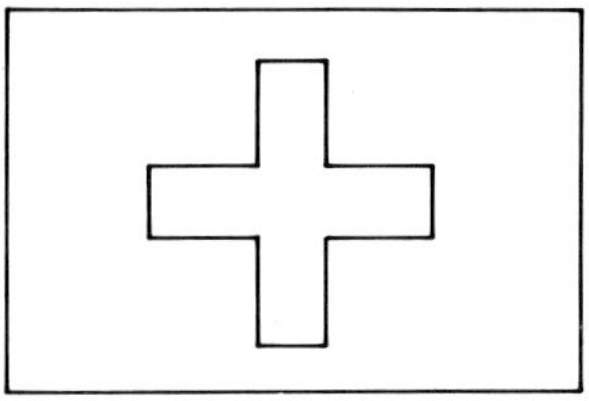

Croix grecque

découpée en un triangle concave formant ainsi deux pointes, comme la queue d'une hirondelle.

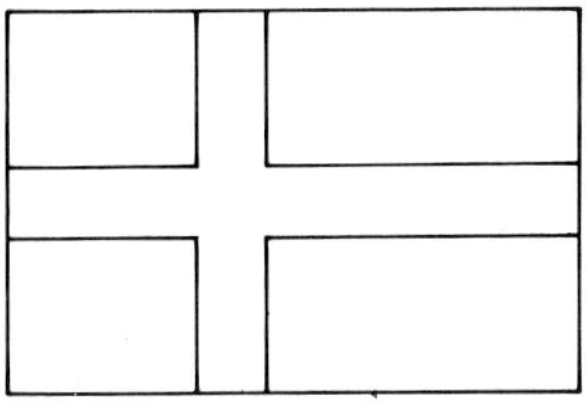

Croix scandinave

Écartelé Se dit d'un écu ou d'un drapeau dont le champ est découpé en quartiers.

Écu De forme très variable et constituant généralement l'élément central des armes, il est orné des symboles distinctifs d'un État, d'une famille, d'une corporation, etc.

Emblème Tout ornement symbolique distinctif utilisé par une nation ou un organisme en guise d'armes ou sur son drapeau. Les emblèmes ont souvent une origine héraldique.

Enseigne Officier porte-drapeau dans les anciennes armées.

Étendard Drapeau d'origine héraldique, généralement de forme rectangulaire. Aujourd'hui, l'étendard est surtout utilisé pour signifier la présence d'un chef d'État ou d'un souverain.

Fanion Drapeau de petit format.

Flamme Pavillon long et étroit arboré au grand mât d'un navire de guerre.

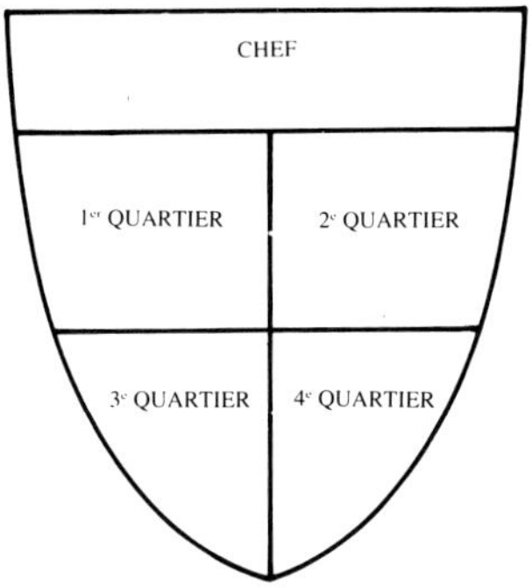

Les parties de l'écu

Frapper Ajouter un emblème ou un symbole héraldique sur le champ d'un drapeau ou d'un écu.

Gonfalon (ou **gonfanon**) Petit drapeau de guerre du Moyen Age, long, étroit et se terminant en pointes.

Hampe Tige droite et rigide (de bois ou de métal) servant à soutenir un drapeau.

Mât Tige droite et rigide servant à hisser un drapeau.

Oriflamme Drapeau de forme rectangulaire, mais se terminant par plusieurs pointes effilées.

Pavillon Terme traditionnellement utilisé pour désigner un drapeau de la marine marchande ou de guerre.

Soutien Objet inanimé servant de base ou d'encadrement à un écu.

Supports Figures humaines, animales ou mythologiques encadrant un écu sur des armes.

Tortil Torsade d'étoffe placée entre le cimier et le casque d'un écu.

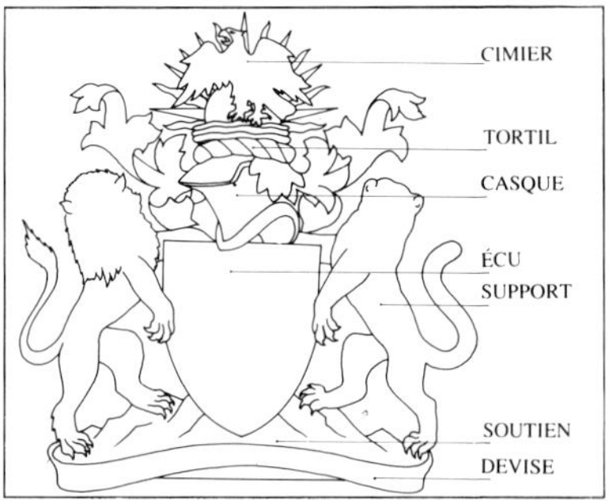

INDEX DES PAYS

Les caractères gras renvoient aux illustrations.

BIBLIOGRAPHIE

Barraclough, E.M.C., *Flags of the World* (Londres et New York, Warne, 1971).

Jean Bart, *Drapeaux du monde entier* (ouvrage destiné aux 9-12 ans). Ballon, 1992.

William Crampton, *Drapeaux et pavillons*. Photographies de Karl Slone et Martin Plomer. Gallimard, 1989.

Luc Doublet, *L'Aventure des drapeaux*. Préface de Paul Guth. Cherche-Midi, 1988.

Yann Fouère, *L'Europe aux cent drapeaux*. Presses d'Europe, 1976.

Jean-Claude Mattrat et Nicolas de Meslon, *Tous les drapeaux du monde*. Gallimard, 1987.

Pedersen, Christian Fogd, *The International Flag Book in Color* (New York, William Morrow & Company, Inc., 1971).

Rabbow, Arnold, *Visuelle Symbole als Erscheinung der nicht-verbalen Publizstik* (Münster, Universität Münster, 1968).

Smith, Whitney, *The Bibliography of Flags of Foreign Nations* (Boston, Hall, 1965).